Torche Envoûtante

Volume 18 - Série 1

Le sang de Jésus-Christ et ses vertus

Avant-propos

Le Livre de Genèse rapporte que l'Eternel Dieu fit à Adam et à sa femme des habits de peau et il les en revêtit. Ge.3 :21

Pour avoir une peau, un animal devait être sacrifié. Pour la première fois, le sang fut versé sur notre planète. La deuxième fois c'était à l'occasion du meurtre d'un innocent : Cain tua son frère Abel.
Ge. 4 : 8-11

Les deux histoires préfigurent le sacrifice du sang de Jésus-Christ pour l'expiation de nos péchés et la rédemption de toute l'humanité.
La série « Le sang de Jésus-Christ et ses vertus » sera élaborée pour votre édification et pour la gloire de notre Dieu.

Pasteur Renaut Pierre-Louis

Leçon 1
La validité du sang de Jésus-Christ

Textes pour la préparation : Ex. 12 :13 ; Jn.3 :16 ; Ac.4 :12 ; Ro.3 :23 ; 6 :23 ; He.9 :12, 22 ; 13 : 20 ; 1Pi.1 :20 ; Ap. 13 :8
Texte à lire en classe : He.9 :11-15
Verset à mémoriser : Car ceci est mon sang, le sang de l'alliance, qui est répandu pour beaucoup, pour le pardon des péchés. Mt. 26 :28
Méthodes : Discours, comparaisons, questions
But : Présenter le sang de Jésus-Christ comme l'unique prescription de Dieu pour le pardon de nos péchés.

Introduction
Pourquoi devons-nous mettre en question la validité du sang de Jésus-Christ ? N'est-ce-pas que Christ est l'agneau de Dieu immolé depuis avant la fondation du monde ? Allons aux faits. Ap.13 :8

I. Comment expliquer la validité du Sang de Jésus-Christ ?

1. C'est une signature éternellement valable.
   a. Pour sauver un peuple.
      Quand l'Eternel passera pour frapper l'Egypte, et verra le sang sur le linteau, Il passera par-dessus la porte, et il ne permettra pas au destructeur d'entrer dans vos maisons pour vous frapper. Ex.12 :13

b. Pour sauver le monde
   Jésus est entré, une fois pour toute, dans le lieu très saint, non avec le sang des boucs et des veaux, mais avec son propre sang, ayant obtenu une rédemption éternelle. He.9 :12 ; 13 :20

2. C'est une disposition éternelle prévue dans le plan de Dieu.
   a. Nous sommes rachetés par le sang précieux de Christ, comme d'un agneau sans défaut et sans tache **prédestiné** avant la fondation du monde **et manifesté** à la fin des temps à cause de vous. 1Pi.1 :20
   b. **Dieu dans sa prescience avait prévu pour l'homme un parachute avant sa chute. Ap.13 :8**

3. Cette disposition est irrévocable. Jn.3 :16
   La justice de Dieu l'exige. Ro.3 :23 ; 6 :23
   Sans effusion de sang, il n'y a pas de pardon. He.9 :22
4. Cette décision est universelle. Puisque tous ont péché, Dieu a prévu de les sauver tous par un seul sacrifice. Il n'y a de salut en aucun autre. Ro.3 :23 ; Ac.4 :12

Conclusion

Quel amour d'un Père prévoyant ! Mon ami, hâtez-vous d'obtenir sa faveur.

Questions

1. Comment expliquer la validité du sang de Jésus-Christ ?
    a. Il est efficace pour sauver le monde entier.
    b. C'est une disposition éternelle prévue dans le plan de Dieu.
    c. Cette disposition est universelle
2. Pourquoi Dieu a-t-il prévu le salut de l'homme avant sa chute ? Il est omniscient
3. Pourquoi disons-nous que cette disposition est irrévocable ?
    a. Parce que la justice de Dieu doit être satisfaite.
    b. Parce qu'il faut un sacrifice pour réparer la faute.
    c. Parce que sans effusion de sang il n'y a pas de pardon.
4. Vrai ou faux
    a. On a eu élection au ciel pour choisir un sauveur. __ V __F
    b. Jésus avait voulu visiter la terre pour la première fois __ V __F
    c. Dieu a voulu sauver l'homme créé à son image. __ V __ F
    d. Dieu devait payer une grosse somme à Satan pour abandonner le procès. __ V __ F
    e. Dieu ne doit rien à Satan. __ V__ F
    f. Dieu veut racheter l'homme pour satisfaire sa justice. __ V __ F
    g. Dieu nous sauve par amour. __ V __ F

Leçon 2
Le sang de Jésus-Christ, un visa multiple

Textes pour la préparation : Mt. 11 :28 ; Jn. 1 : 16 ; 3 :16 ; 5 :39 ; 6 :50-56 ; 10 :28 ; Ac.4 :12 ; 13 :38 ; Ro. 4 :25 ; 8 :1 ; 5 :1 ; 14 :17 ; Ep.2 :8-10 ;
Texte à lire en classe : Jn.6 : 48-56
Verset à mémoriser : Celui qui mange ma chair et qui boit mon sang a la vie éternelle ; et je le ressusciterai au dernier jour. Jn.6 :54
Méthodes : Discours, comparaisons, questions
But : Présenter le sang de Jésus-Christ comme la base de la foi pour être sauvé.

Introduction

Un visa multiple ? Voilà un terme qui sonne bien. Mais ne sonne-t-il pas mieux quand il vient de Dieu ?

I. **Le sang de Jésus-Christ donne accès à la vie de Dieu**. Jn.6 : 50-56

   Le seul document valable à l'Immigration du Calvaire est l'aveu que vous êtes un pécheur perdu. Mt.11 :28

   1. Il vous faut croire que votre salut dépend des vertus du sang de Jésus-Christ. Jn.3 :16
   2. Il vous faut croire qu'en dehors de Christ, il n'y a pas de salut. Ac.4 :12

      Vos œuvres, votre rang social, votre connaissance, votre affiliation religieuse et vos opinions personnelles ne comptent pas. Ep.2 :8-10

Christ ne vous invite pas à venir à un saint patron ou à une religion, mais à lui pour avoir la vie. Jn.5 :39

II. **Le sang de Jésus-Christ est assorti de la plénitude de la grâce**. Jn.1 :16

C'est-à-dire qu'avec la vie éternelle nous avons :

1. Le pardon. Ac.13 :38
2. La paix. Ro.5 :1
3. La joie. Ro.14 :17
4. La sécurité. Jn.10 :28 ; Ro.8 :1

III. **Condition pour avoir accès à cette plénitude** :

Il faut manger le corps et boire le sang de Jésus-Christ. Jn.6 :54

Cette expression signifie que :

« Pour être sauvé, Il faut accepter par la foi que Jésus-Christ a versé son sang pour le pardon de vos péchés et qu'il est ressuscité pour votre justification. » Ro.4 :25

Conclusion

Voilà l'offre gratuit de Dieu à vous pécheur. Qui, en dehors de Christ, peut vous offrir mieux que cela ? A vous de faire un choix, mais de grâce, ne tardez pas.

Questions

1. Que représente le sang de Jésus-Christ dans cette leçon ? Un visa multiple

2. Que nous procure ce sang ?
   Il nous donne accès à la vie de Dieu et à la plénitude de sa grâce

3. Comment avoir accès à la vie de Dieu ?
   a. Il faut d'abord accepter qu'on soit un pécheur perdu.
   b. Il faut croire qu'en dehors de Christ il n'y a point de salut.
   c. Il faut accepter que la religion et les bonnes œuvres ne peuvent sauver personne.

4. Que veut dire « recevoir de sa plénitude grâce sur grâce ? »
   Dans le salut, nous obtenons le pardon de nos péchés, la paix avec Dieu, la joie par le Saint-Esprit, la sécurité éternelle.

5. Quelles sont les conditions pour avoir accès à cette plénitude ?
   Il faut manger et boire le sang de Jésus-Christ

6. Qu'est-ce-que cela signifie ?
Il faut accepter par la foi que Jésus-Christ a versé son sang pour le pardon de vos péchés et qu'il est ressuscité pour votre justification.

7. Vrai ou faux
   a. Si on donne de l'argent aux pauvres on sera sauvé. __ V __ F
   b. Je peux être sauvé par ma religion. __ V __ F
   c. Il me suffit de faire pénitence pour être sauvé. __ V __ F
   d. Jésus a déjà payé pour mon salut __ V __F

Leçon 3
Le DNA de Christ

Textes pour la préparation : Mt.5 :3-9 ; 9 : 36 ; Lu. 19 :33 ; Jn. 8 : 11 ; 12 : 4-8 ; 17 :19 ; Ph.2 :6-7 ; Col.3 :13
Texte à lire en classe : Mt.5 : 3-9
Verset à mémoriser : Heureux ceux qui procurent la paix, car ils seront appelés fils de Dieu.
Mt .5 :9
Méthodes : Discours, comparaisons, questions
But : Montrer les premières étapes à franchir pour ressembler à Jésus.

Introduction
Christ nous réserve une place à ses côtés dans le ciel. Mais à quelle condition ? Ecoutons ses ordres dans son Sermon sur la Montagne :

D'abord ce **qu'il faut être :**

I. Pauvre en esprit. Mt.5 :3
Jésus en donne l'exemple : Dès l'origine, il était de condition divine ; mais pendant sa mission sur la terre, il ne chercha pas à profiter de l'égalité avec Dieu, mais il s'est dépouillé lui-même, et il a pris la condition de serviteur. Ph.2 : 6-7

II. Humble de cœur. Mt.5 : 5
Jésus en donne l'exemple : Il nous enseigne la discrétion pour savoir comment fermer les yeux,

boucher les oreilles et tenir la langue en bride pour vivre avec les humains. Autrement leur compagnie serait insupportable, surtout celle d'un Judas qui ne pouvait jamais donner un bon compte-rendu de la caisse. Jn.12 : 4-8

III. **Miséricordieux**. Mt.5 : 7
Jésus en donne l'exemple : Il était ému de compassion. On doit témoigner de la bonté envers son prochain à l'exemple du bon Samaritain. Mt.9 :36 ; Lu.10 :33

IV. **Sanctifié** Mt. 5 : 8
Jésus en donne l'exemple. Jn. 17 : 19
Pour avoir un cœur pur, il faut écouter sa parole. Jn.15 : 3
C'est la condition pour voir Dieu. Mt. 5 :8

V. **Conciliant**. Mt. 5 : 9
Jésus en donne l'exemple : Il pardonne à la femme adultère sans pour autant l'accabler. Jn.8 : 11
L'apôtre Paul nous dit de nous pardonner réciproquement comme Dieu nous a pardonnés en Christ. Col.3 :13

Conclusion
Voilà les premières conditions pour lui être semblables. Poursuivons.

Questions

1. Dans cette leçon, quelles sont les conditions pour occuper une place auprès de Christ dans le ciel ?
   Il faut être pauvre en esprit, humble de cœur, miséricordieux, sanctifié et conciliant.

2. Que veut dire « pauvre en esprit » ?
   On doit éviter la vaine gloire.

3. Que veut dire « humble de cœur » ?
   Il faut savoir se taire.

4. Que veut dire « miséricordieux » ?
   Manifester de la compassion envers le prochain

5. Que veut dire « sanctifié » ?
   Avoir un cœur pur

6. Que veut dire conciliant ?
   On ne met pas accent sur les torts qu'on nous fait.

Leçon 4
Ce qu'il nous faut éviter

Textes pour la préparation : De. 32 :35 ; Mt. 5 :21-37 ; Ga.5 :19

Texte à lire en classe : Mt.5 : 21-26

Verset à mémoriser : Sachez-le, mes frères bien-aimés. Ainsi, que tout homme soit prompt à écouter, lent à parler, lent à se mettre en colère. Ja.1 :19

Méthodes : Discours, comparaisons, questions

But : Montrer la deuxième étape à franchir pour ressembler à Jésus.

Introduction

Dans la dernière leçon, nous avons vu « ce qu'il faut être » pour ressembler à Jésus. Aujourd'hui nous allons voir « Ce qu'il nous faut éviter »

Il faut éviter :

I. **La colère excessive et ses conséquences**. Mt. 5 : 21-23

La colère est un mouvement déréglé de l'âme qui nous porte à être violent et à commettre des actes souvent regrettables. Par exemples :

1. Taxer quelqu'un d'imbécile (Raca) Mt.5 :22
2. Taxer quelqu'un d'insensé (fou) Mt.5 :22
3. Tuer son prochain :

Les trois sont souvent les effets de la colère.

On passe de la parole aux actes et ces actes tiendront contre nous.

II. **La rancune**. Mt. 5 : 23-26
C'est le ressentiment qu'on garde d''une offense. Elle peut nous prédisposer à la vengeance et peut aussi nuire à notre santé et à nos rapports avec les autres. Or, Dieu a dit : « A moi la vengeance » De.32 :35

III. **L'adultère, la fornication et les moyens de séduction**. Mt. 5 : 27-30
   a. L'attouchement appelé jeu d'amour ou caresse abusive. Mt.5 : 30
   b. Le flirt ou relation amoureuse passagère avec une personne qui n'est pas votre femme. C'est le dérèglement dont parle l'apôtre Paul. Ga. 5 : 19
   c. Les mauvais traitements au conjoint pour le porter au divorce. Mt.5 :32
   En d'autres termes, il faut éviter de vous mettre dans une position où le Diable vous dicte un comportement que vous n'avez pas le courage de refuser.

IV. **Le serment**. Mt.5 :33-37
Jésus l'interdit sous toutes ses formes.

Conclusion
Il dépend de vous d'éviter tous ces écueils spirituels. Ayez donc recours au Seigneur si vous n'en avez pas la force.

Questions

1. Que faut-il éviter pour ressembler à Jésus ?
   Il faut éviter la colère excessive, la rancune, l'adultère, la fornication et le faux serment.

2. Qu'est-ce-que la colère ?
   C'est un mouvement déréglé de l'âme qui peut nous porter à des actes regrettables.

3. Quelles sont les conséquences de la colère ?
   On peut devenir violent et commettre des actes regrettables.

4. Qu'est-ce-que la rancune ?
   a. C'est le sentiment qu'on garde d'une offense.
   b. Elle prédispose à la vengeance.
   c. Elle peut nuire à notre santé.

5. Quelle est la différence entre l'adultère et la fornication ?
   a. L'adultère est le péché sexuel entre gens mariés.
   b. La fornication est le péché sexuel entre gens non mariés.

6. Pourquoi disons-nous que l'attouchement est un péché ?
   Parce que vous jouez avec le corps de la personne pour la séduire.

7. Comment la bible considère-t-elle le flirt ?
Comme un dérèglement

8. Qui est à blâmer pour le divorce causé par les mauvais traitements ?
Le conjoint qui les exerce sur son partenaire.

Leçon 5
Ce qu'il vous faut abandonner

Textes pour la préparation : Mt.5 :38-42 ; Luc.6 :30-35
Texte à lire en classe : Mt.5 : 38-42
Verset à mémoriser : Donne à celui qui te demande, et ne te détourne pas de celui qui veut emprunter de toi. Mt.5 : 42
Méthodes : Discours, comparaisons, questions
But : Montrer la troisième étape à franchir pour ressembler à Jésus

Introduction
Ce que vous êtes est votre nature. Ce que vous devez éviter est votre responsabilité. Que dire de ce qu'il vous faut abandonner ?
Il résulte de votre consécration que vous allez abandonner :

I. **L'esprit de dispute**. Mt.5 :38
On veut toujours avoir raison. Bien des fois, on gagne en raison ce que l'on perd en amour et en communion. Dans le match de la vie, il vaut mieux prendre Dieu pour arbitre et faire « laissez tomber »

II. **Les querelles**. Mt. 5 : 39-40
Certains gens cherchent à vous nuire juste pour rechercher une vaine gloire. Ne vous en occupez

pas. Laissez-les parader tout seul. Bientôt, ils seront blêmes et vous laisseront tranquille.

III. Les discussions, la rébellion et la résistance. Mt. 5 : 41

Au temps de Jésus, Israël vivait sous l'occupation romaine.

Un romain peut demander à un juif de porter ses fardeaux jusqu'à une distance d'un mille. Jésus prescrit de faire avec lui un autre mille. Le premier mille est le mille du devoir. Le second est le mille de l'amour. Avec ce deuxième mille vous arriverez peut-être à changer son cœur.

IV. L'égocentrisme M.t 5 : 42

Donner à quiconque vous demande est un privilège qu'on a d'être utile et non une occasion d'humilier un frère nécessiteux. Autrement, on peut se créer inutilement un ennemi. Jésus nous recommande de prêter sans rien espérer. Lu.6 :35

Et même de ne pas réclamer notre bien à celui qui s'en empare. Lu.6 : 30.

Conclusion

Voilà ce qu'il faut abandonner. Cette étape exige notre consécration. En êtes-vous là ? C'est notre souhait.

Questions

1. Que nous faut-il abandonner pour ressembler à Jésus ?
   Il nous faut abandonner l'esprit de dispute, les querelles, les discussions folles et oiseuses et l'égocentrisme.

2. Comment se manifeste l'esprit de dispute ?
   On veut avoir raison à tout prix.

3. Que recommande le Seigneur ? Faire le « laisser tomber. »

4. Pourquoi veut-on envenimer une querelle ? Pour rechercher la vaine gloire ou pour nuire.

5. Comment les colons romains abusaient-ils les juifs ? En les obligeant de porter leur fardeau à un mille de distance.

6. Que recommande Jésus en ce cas ? D'en faire jusqu'à deux mille ?

7. Pourquoi ? Le premier mille est obligatoire, le deuxième est un acte d'amour envers son ennemi.

8. Comment considérer un don fait à quelqu'un ? C'est un privilège qu'on a d'être utile et non une occasion d'humilier ses semblables.

Leçon 6
Ce qu'il vous faut avoir

Textes pour la préparation : Mt.5 :14, 44-48 ; Lu.23 :34 ; Jn.8 :12 ; 14 :20 ; Ac.16 :31 ; Ep.3 :20 ; Col.1 :27 ; 1Jn.3 :2
Texte à lire en classe : Mt.5 : 43-48
Verset à mémoriser : Soyez donc parfaits, comme votre Père céleste est parfait. Mt.5 :48
Méthodes : Discours, comparaisons, questions
But : Montrer la quatrième étape à franchir pour ressembler à Jésus

Introduction
La vie chrétienne est un combat fait de défaites et de conquêtes. Pour vaincre, il faut obéir au Seigneur.

I. Il faut être comme lui.
1. Vous êtes la lumière du monde en reflétant Christ. Mt. 5 :14 ; Jn.8 :12
2. Il est dans le Père, vous êtes en lui et lui en vous. Jn.14 :20

II. Il faut avoir la grandeur d'âme. Mt. 5 : 44-47
Savoir planer au-dessus des faiblesses humaines, vous demander toujours : « Si Christ était à ma place que ferait-il dans telle ou telle situation ». Mt.5 :48

III. Finalement vous arriverez :

1. A aimer vos ennemis. Mt.5 : 44
2. A vous garder de certaine légèreté.
3. A bénir ceux qui vous maudissent. Mt.5 :44
4. A voir vos ennemis appauvris au moment où Christ vous bénit. Ce sera le bon moment de leur tendre la main. C'est Dieu qui le fera. Mt.5 : 11-12
5. A faire du bien à ceux qui vous haïssent. Mt.5 :44
   a. Les gens n'ont aucun droit de vous maudire ni de vous haïr, surtout s'ils sont chrétiens, car Christ habite en vous. Col.1 :27
   b. Faites-leur du bien au nom de Jésus-Christ. Mt.5 :44
6. A prier pour vos bourreaux. Mt.5 :44
   a. Pardonne-leur Père, dit Jésus, car ils ne savent pas ce qu'ils font. Lu.23 :34.
   b. Paul et Silas ont assurément prié pour le geôlier. Celui-ci ne tarda pas à devenir chrétien. Ac.16 :31
   b. Tout cela est possible si le sang de Jésus coule dans vos veines. Vous ferez tout, grâce à sa puissance agissant en vous. Ep.3 :20

Conclusion

Voilà pour être parfait, pour avoir son DNA. Cette parole est dure mais il vaut la peine. En accepterez-vous le défi ? Mt.5 :48 ; 1Jn.3 :2

Questions

1. Que nous faut-il avoir pour ressembler à Jésus et comment ?
   a. Il faut être comme lui.
   b. Il faut être la lumière du monde.
   c. Il faut être dans le Père, que Christ soit en vous et que vous soyez en Christ.
   d. Il faut avoir un grand cœur.
   e. Il faut aimer ses ennemis.
2. Comment montrer la grandeur d'âme ? En vous adjugeant la place de Christ avant d'agir.
3. Comment peut-on être la lumière du monde ?
   En reflétant Christ au milieu du monde
4. Quel avantage a-t-on d'avoir des ennemis ? On veille mieux sur sa conduite.
5. Comment arriver à aimer ses ennemis ? Seulement si le sang de Jésus circule dans vos veines.
6. Qui a prié pour ses bourreaux ? Jésus, Paul et Silas
7. Vrai ou faux
   a. Quand Dieu frappe mon ennemi, je dois être satisfait. __ V __ F
   b. Quand Dieu frappe mon ennemi, je dois prier pour sa conversion. __ V __F
   c. Mon premier ennemi est moi-même. Je m'aime malgré tout. __V__ F

Leçon 7
Le sang de Jésus, notre bannière

Textes pour la préparation : Jn. 8 :12 ; 14 :6 ; Ep.2 : 21 ; Ph.2 : 7-10 ; Col.2 :14 :17 ; He.12 :13
Texte à lire en classe : He.12 :12-17
Verset à mémoriser : Et suivez avec vos pieds des voies droites, afin que ce qui est boiteux ne dévie pas, mais plutôt se raffermisse. He.12 :13
Méthodes : Discours, comparaisons, questions
But : Montrer comment le sang de Jésus-Christ doit marquer la vie du chrétien.

Introduction
Le monde entier est sous la puissance du malin. Comment pouvons-nous vivre sur son territoire et le vaincre malgré tout ? En voici le secret :

I. Il faut obéir à Christ sans distraction.
1. Le chrétien vit dans le monde mais pas dans la juridiction de Satan le Diable.
2. Il occupe la petite portion de territoire que Dieu lui assigne.
3. Il lui faut vivre à l'exemple de Christ.
    a. « Je suis le chemin. Suivez-moi ». Jn.14 :6
    b. « Je suis la lumière du monde. Suivez-moi. » Jn.8 :12
    c. Il doit mener une vie d'exemple pour ne pas causer la chute de son frère.He.12 : 13

II. Le chrétien prend la croix pour sa bannière

Sa vie est marquée par le sang de Jésus-Christ.

1. C'est la seule autorité devant laquelle le Diable accepte de fléchir. Ph.2 : 10
2. Car Christ l'a vaincu à la croix du Calvaire. Comment ?
   a. Jésus a laissé son trône de gloire pour venir et sauver les pécheurs. Aucun être céleste ou terrestre n'est parvenu à ce degré d'obéissance. Ph.2 : 7-8
   b. Sur la croix, Il a anéanti les pouvoirs de la Loi et des ordonnances qui nous condamnaient. Col. 2 : 14-17
   c. Jésus a vaincu Satan sur son territoire. 1Jn.3 :8 ; Ap.20 :10
   d. Tout genoux doit fléchir devant Christ dans le ciel et sur la terre. Ainsi nous serons à ses côtés pour partager sa gloire. Jn.14 :3. Ep.2 :21 ; Ph.2 : 10

Conclusion

Soyons sourds, muets et aveugles aux avantages de ce monde. Notre domicile céleste et notre couronne nous attendent là-haut.

Questions

1. Qui gouverne le monde ? Satan

2. Et quelle est la position du chrétien dans le monde ? Il doit vivre hors de la juridiction de Satan.

3. Que doit-il faire pour se garder du monde ?
   a. Il doit obéir à Christ sans distraction.
   b. Il doit toujours porter sa croix et suivre ses traces.

4. Que lui recommande le Seigneur ?
   a. De le suivre chaque jour
   b. De suivre avec ses pieds des voies droites.

5. Quelle est la seule autorité devant laquelle Satan accepte de fléchir ?
   Le sang de Jésus-Christ sur la croix du calvaire.

6. Que devons-nous faire pour nous réjouir aux côtés de Christ au dernier jour ? Que notre vie soit marquée par le sang de l'agneau.

Leçon 8
Le sacrifice par le sang obligatoire

Textes pour la préparation : Ge. 1 :26 ; 3 :1-5 ; Es.53 : 5 ; Mt. 6 :13 ; Jn. 1 :14 ; 3 :16 ; Ro.11 :17-25 ; 1Co.10 :13 ; 2Co.5 :21
Texte à lire en classe : Ro.11 :17-24
Verset à mémoriser : Mais il était blessé pour nos péchés, Brisé pour nos iniquités ; Le châtiment qui nous donne la paix est tombé sur lui, Et c'est par ses meurtrissures que nous sommes guéris. Es.53 :5
Méthodes : Discours, comparaisons, questions
But : Apprécier le sacrifice de Christ comme un acte de vrai amour

Introduction
Aucune greffe n'est possible sans une entaille ou blessure à la plante. Le sacrifice pour notre salut exige qu'une victime soit blessée. Qui enfin va accepter ce défi ?

I. Voyons d'abord la situation dans le ciel

Dieu a chassé du ciel Lucifer et ses complices. Pour les remplacer, la Sainte Trinité décide : « Faisons l'homme à notre image selon notre ressemblance ». Cet homme aura corps, âme et esprit. Ge. 1 : 26

Satan le Diable en est jaloux. Voilà pourquoi il séduit l'homme dans son corps pour atteindre son âme et l'empêcher d'aller au ciel. Ge.3 :1-5

De son côté, Dieu a décidé de sauver l'homme. Mt.6 : 13 ; 1Co.10 :13

II. Méthode de salut

1. Puisque l'homme a péché dans son corps, Dieu va satisfaire sa justice par ***un sacrifice sanglant dans un corps***. Or les êtres célestes n'ont pas de sang. Jn.3 :16
2. Jésus s'est fait chair pour avoir du sang et offrir son corps en sacrifice.
   a. ***Notre foi en ce sacrifice constitue une greffe où il se fait un avec nous***.
      Jn.1 :14 ; Ro.11 : 17
      L'entaille est faite à la croix du calvaire où son sang a coulé : Il était blessé pour nos péchés ». Es. 53 :5
   b. Jésus s'est fait péché pour nous mais il n'est pas pécheur. 2Co.5 :21
   c. Il était venu vivre comme nous, mais pour mourir pour nous. Jn.1 :14
   d. C'est une faveur pour nous les païens. Dieu a fait une entaille en Christ pour nous greffer dans la richesse de sa grâce. Ro.11 :19

Conclusion

Amis, ne négligez pas un si grand salut. Au dernier jour, il n'y aura aucune excuse.

Questions

1. Pourquoi Dieu a-t-il décidé de créer l'homme ?
   a. Pour avoir des enfants semblables à lui.
   b. Pour les avoir comme adorateurs en vue de lui donner gloire

c. Pour occuper les places vacantes laissées par Lucifer et ses complices

2. Que devait faire Satan pour contester le projet ?
   Il porte l'homme à pécher dans sa chair afin qu'il soit privé de la gloire de Dieu.

3. Quelle était l'opération effectuée par Dieu pour sauver l'homme ?
   a. Il a greffé notre vie à celle de Jésus-Christ.
   b. Son côté fut percé. Il est blessé pour nos iniquités.

4. Comment Jésus-Christ nous a-t-il inspiré confiance ?
   Il a vécu parmi nous. Il a souffert pour nous. Il est mort pour nous.

5. Pourquoi appelons-nous greffe cette opération de sauvetage ?
   a. Dieu fait place à nous les païens dans la richesse de sa grâce.
   b. Il a momentanément mis les juifs de côté jusqu'à ce que la totalité des païens soit sauvée.

Leçon 9
Je bâtirai mon Eglise

Textes pour la préparation : Mt. 16 : 21-23 ; Jn.1 :29 ; Ac.20 : 28 ; Ga.2 :20 ; Ep.5 :23-29 ; Ap.5 : 5 ; 19 : 7-8 ; 21 : 3 ; 22 : 2
Texte à lire en classe : Ep.5 :22-30
Verset à mémoriser : Car le mari est le chef de la femme, comme Christ est le chef de l'Église, qui est son corps, et dont il est le Sauveur. Ep.5 :23
Méthodes : Discours, comparaisons, questions
But : Présenter Jésus-Christ comme l'époux parfait

Introduction
A peine que Jésus-Christ a-t-il annoncé les évènements de sa mort et de sa résurrection que Pierre le prit à part pour le blâmer. Jésus le réprimanda en disant : « Arrière de moi Satan, tu m'es en scandale. ! » Mt.16 : 21-23

I. **Qu'avait-il prévu dans son agenda** ?
Je bâtirai mon Eglise, dit-il. Mt.16 :18

I. **L'Eglise est son corps**. Ep.5 :23
1. Le sang de Golgotha doit circuler dans les veines du chrétien. Ce n'est plus lui qui vit mais Christ qui vit en lui. Ga.2 :20
2. L'Eglise doit être sans tache, ni ride, ni rien de semblable, c'est-à-dire sans aucune infirmité spirituelle. Ep.5 :27

II. **L'Eglise est son épouse**.
1. Il a donné son sang pour elle. Ac.20 :28

a. Il meurt comme un agneau pour la sauver. Jn.1 :29
b. Il vit comme le Lion de Juda pour la défendre. Ap.5 :5
c. Il la nourrit et en prend soin. Ep.5 : 29

2. Il lui fera un accueil glorieux dans le ciel :
   a. Il l'habillera de fin lin. Ap.19 : 8
   b. Il la présentera avec fierté à son Père au jour des noces de l'Agneau. Ap.19 :7
   c. Il la logera dans sa maison nuptiale. Ap.21 :3
   d. Il lui donnera accès à l'arbre de vie. Ap.22 : 2

Conclusion

Quel bonheur pour l'Eglise à la fin des temps ! Etes-vous membre d'une Eglise locale ou bien membre du corps de Christ ? Cela dépend d'où vous voulez demeurer dans l'éternité. Réveillez-vous !

Questions

1. Pourquoi Jésus a-t-il traité Pierre de Satan ? Pour nous montrer que toute pensée contraire à la volonté de Dieu vient de Satan.

2. Qu'est-ce-que l'Eglise ? C'est le corps de Christ, son épouse.

3. Comment doit vivre le chrétien ? En ayant le sang de Christ dans ses veines.

4. Comment prépare-t-il son Eglise ? Pour qu'elle soit sans tache, ni ride, qu'elle soit sans aucune infirmité spirituelle

5. Qu'est-ce-que Jésus a fait pour son épouse ?
   a. Il a versé son sang pour elle.
   b. Il meurt comme un agneau pour la sauver.
   c. Il vit comme un Lion pour la défendre.
   d. Il la nourrit et en prend soin.

6. Que prépare-t-il pour son épouse ?
   a. Une robe de fin lin
   b. Une présentation glorieuse au jour des noces
   c. Un logement nuptial
   d. L'accès libre à l'arbre de vie

Leçon 10
Le Temple et l'Eglise

Textes pour la préparation : De.12 :11 ; Jn.17 :15-16 ; Ac.2 :46 ; 20 :28 ; 1Co.6 : 19-20 ; Ep.5 :23
Texte à lire en classe : 1Co.6 :15-20
Verset à mémoriser : Ne savez-vous pas que votre corps est le temple du Saint Esprit qui est en vous, que vous avez reçu de Dieu, et que vous ne vous appartenez point à vous-mêmes ? 1Co.6 :19
Méthodes : Discours, comparaisons, questions
But : Montrer la différence entre le temple physique et le temple spirituel

Introduction

Le Temple et l'Eglise sont deux termes qui prêtent souvent à équivoque. Etes-vous membre de l'Eglise locale ou membre du corps de Jésus-Christ ? Voyons la différence :

I. Le concept du Temple

1. C'est un lieu affecté aux services religieux. Ac.2 :46
2. Dans l'Ancienne Alliance, il personnifiait la résidence de Dieu au milieu de son peuple. De.12 :11
3. Ses limites :
   Le temple c'est l'Eglise locale. Il ne pourra conférer aucune grâce sanctifiante. Il ne peut garantir le bonheur dans votre mariage ni un visa pour le ciel à votre décès.

II. Le concept de l'Eglise

1. Il prend improprement le nom de temple. L'Eglise n'est pas un temple : c'est l'épouse de Jésus-Christ qu'il s'est acquise avec son propre sang. Ac.20 :28
2. L'Eglise, du latin Ecclésia (assemblée) et du grec ek kaleô, « appeler au dehors, est mise à part dans le monde. Jn.17 :15-16
3. C'est le corps de Christ qui est animé à partir de son sang. Ep.5 :23
4. Le corps du chrétien est le temple du Saint-Esprit où Christ fait sa résidence. 1Co.6 :19-20
   a. Nous ne pouvons en disposer à volonté. 1Co.6 :19
   b. Notre seul choix est de glorifier Dieu dans notre corps et dans notre esprit qui appartiennent à Dieu. 1Co.6 : 19-20

Conclusion

Puisque Christ a pris nos infirmités et s'est chargé de nos maladies, peut-on concevoir un chrétien **spirituellement infirme ou malade** ? Demandons-lui de nous délivrer de tout handicap spirituel pour le glorifier dans notre corps et dans notre esprit.

Questions

1. Qu'est-ce-que le Temple ? Un lieu établi pour les services religieux

2. Quelle en était la conception dans l'Ancien Testament ?
La Résidence de Dieu au milieu de son peuple.

3. Quelles sont les limites du temple ?
    a. Il ne pourra conférer aucune grâce sanctifiante.
    b. Il ne peut garantir le bonheur dans votre mariage.
    c. Il ne peut garantir un visa pour le ciel à votre décès.

4. Etablissez un distinguo entre l'Eglise et le temple.
    a. L'Eglise locale est un temple.
    b. L'Eglise universelle est l'épouse de Christ.
    c. Le corps du chrétien est le temple du Saint-Esprit.

5. Quelle est l'étymologie du mot Eglise »
    a. Elle vient du latin Ecclesia qui veut dire assemblée.
    b. Elle vient du grec Ekkalèo qui veut dire : appeler au dehors.

Leçon 11
Jésus ou Barrabas

Textes pour la préparation : Es.53 :2 ; Mt.8 :17, 26-27 ; 27 :23-24 ; Mc.15 :7 ; Lu. 4 : 18-19, 39-41 ; 19 :10 ; 23 : 13-25 ; Jn.1 :11 ; 2 :7-9 ; 14 :6 ; 18 :39-40
Texte à lire en classe : Mt.27 :15-24
Verset à mémoriser : Le gouverneur prenant la parole, leur dit : Lequel des deux voulez-vous que je vous relâche ? Ils répondirent : Barabbas. Mt.27 :21
Méthodes : Discours, comparaisons, questions
But : Montrer que très souvent, nos choix révèlent notre condition morale et spirituelle

Introduction
A chaque fête, le gouverneur avait coutume de relâcher un prisonnier aux vœux de la foule.
Mt. 27 : 15-17
En voici deux : le fameux Barrabas et Jésus de Nazareth. A qui va votre vote ? Voyons les deux candidats :

I. Personnification de Barrabas

Un bandit : Mc.15 :7

1. Il est toléré par tous les contrebandiers et les trafiquants de drogues.
2. Il gagne sa vie par la violence et le mensonge. Jn.18 :39-40
3. Il opère dans l'ombre jusqu'à ce qu'il soit attrapé.

II. Personnification de Jésus

1. Son portrait :
    a. Il n'avait ni beauté, ni éclat et son aspect n'avait rien pour nous plaire. Es.53 : 2
    b. Il est la vérité, la vie, la paix, la sécurité. Le chemin qui mène au Père céleste. Jn.14 :6
2. Son projet de société réalisé :
    a. Il s'est chargé de nos péchés, de nos infirmités et de nos maladies. Mt. 8 : 17
    b. Il pardonne les péchés. Lu.5 :20
    c. Il chasse les démons et les esprits impurs
    d. Il guérit même les maladies incurables. Lu.4 :39-41
    e. Il sauve les perdus. Lu.19 :10
    f. Il ouvre les yeux des aveugles, et réhabilite la femme.
    g. Il ressuscite les morts. Lu.4 :18-19
3. Il donne à manger aux affamés. Jn.6 : 12
4. Il calme les tempêtes. Mt.8 :26-27
5. Il change l'eau en vin. Jn.2 :7-9

Les juifs étaient témoins de ses miracles et de son message d'espoir. Pourtant ils le rejettent comme leur Messie. Jn.1 : 11

Conclusion

Et maintenant, qui est votre candidat ? Votre choix révèlera l'état de votre cœur. Soyez sage dans votre décision.

Questions

1. Qui sont les deux candidats de la foule : Jésus et le fameux Barrabas

2. Qui, d'après vous, va voter pour Barrabas ? Les bandits, les gens à intentions criminelles, les menteurs, les voleurs.

3. Qui d'après vous va voter pour Jésus-Christ ?
   a. Les gens qui recherchent la vérité.
   b. Les gens qui cherchent la vie et la sécurité.

4. Qu'est-ce-qui autorise les gens à voter pour Jésus-Christ ? Les preuves de sa divinité par les miracles qu'il faisait et son message d'espoir.

5. Pourquoi les juifs l'avaient rejeté ? Ils refusent de voir en lui leur Messie.

Leçon 12
A qui la mort de Jésus profite-t-il ?

Textes pour la préparation : Mt. 27 :23=24 ; Mc.6 :14-16 ; 16 :17-18 ; Lu.23 :12 ; Jn.12 :9-11 ; Ac.2 :41 ; 4 :4 ; 5 :41 ; 6 :7-8 ;17 :11 ; 2Co.8 :3 ; 1Th.1 :9
Texte à lire en classe : Ac.2 :41-47
Verset à mémoriser : Vous aviez médité de me faire du mal : Dieu l'a changé en bien, pour accomplir ce qui arrive aujourd'hui, pour sauver la vie à un peuple nombreux. Ge.50 :20
Méthodes : Discours, comparaisons, questions
But : Montrer comment Dieu change le mal en bien

Introduction

Dès son entrée sur la Planète, Jésus affrontait une société hostile. Il rencontrait partout des obstacles. A la fin, on le tua. A qui sa mort profite-t-il ?

I. Aux autorités politiques

Pilate et Hérode nourrissaient l'ambition de gouverner toute la Palestine. Jésus était de trop sur le terrain. D'ennemis qu'ils étaient, ils se réconcilièrent en vue de se débarrasser de Jésus Christ, le candidat devenu trop influent. Lu.23 :12

II. Aux autorités religieuses

1. Les pharisiens et les sadducéens
   Ils étaient jaloux à cause des nombreux miracles de Jésus ; par conséquent, Il doit mourir. Jn.12 :9-11
2. Pourtant, une foule de sacrificateurs se convertissent au Seigneur. Ac.6 :7
3.

III. Aux pèlerins au jour de la Pentecôte

5000 d'entre eux venus de partout ont accepté Jésus comme leur Sauveur et bientôt ils regagneront leur pays respectif comme des messagers de l'Evangile à travers le monde. Ac.2 :41 ; 4 :4

IV. Aux apôtres

1. Ils étaient commissionnés par le Saint-Esprit pour faire des choses extraordinaires. Mc.16 :17-18.
1. Ils acceptent de souffrir avec joie pour le nom de Jésus-Christ. Ac.5 :41

V. Aux païens

1. Ils abandonnèrent les idoles muettes pour servir le Dieu vivant et vrai. 1Th.1 :9
   Ils examinaient chaque jour les Ecritures. Ac.17 :11
2. Ils contribuaient pour la propagation de l'Evangile. 2Co.8 : 3

Conclusion
Voilà à qui la mort de Jésus a profité d'une manière ou d'une autre. Qu'en est-il de vous ?

Questions

1. Pourquoi Hérode et Pilate ont-ils voulu la mort de Jésus-Christ ?
   Ils le prenaient pour un ennemi politique trop influent.

2. Pourquoi les autorités religieuses ont-ils comploté la mort du Seigneur ?
   Ils étaient jaloux des miracles qu'il faisait.

3. Qu'arrivait-il à la fin ?
   Une foule de sacrificateurs acceptèrent Jésus-Christ comme leur Sauveur.

4. Qui a profité de la mort de Christ au jour de la Pentecôte ?
   Plus de 5000 pèlerins ont reçu Christ.

5. Qui en dehors de Jérusalem a profité de la mort de Jésus-Christ ?
   Les païens. Ils ont reçu la parole avec joie.

6. Que dire des apôtres ?
   Ils ont reçu la puissance du Saint-Esprit pour faire des miracles et des prodiges au nom de Jésus-Christ.

Récapitulation des versets

Leçons

1. Car ceci est mon sang, le sang de l'alliance, qui est répandu pour beaucoup, pour le pardon des péchés. Mt. 26 :28

2. Celui qui mange ma chair et qui boit mon sang a la vie éternelle ; et je le ressusciterai au dernier jour. Jn.6 :54

3. Heureux ceux qui procurent la paix, car ils seront appelés fils de Dieu. Mt .5 :9

4. Sachez-le, mes frères bien-aimés. Ainsi, que tout homme soit prompt à écouter, lent à parler, lent à se mettre en colère. Ja.1 :19

4. Donne à celui qui te demande, et ne te détourne pas de celui qui veut emprunter de toi. Mt.5 : 42

6. Soyez donc parfaits, comme votre Père céleste est parfait. Mt.5 :48

7. Et suivez avec vos pieds des voies droites, afin que ce qui est boiteux ne dévie pas, mais plutôt se raffermisse. He.12 :13

8. Mais il était blessé pour nos péchés, Brisé pour nos iniquités ; Le châtiment qui nous donne la paix est tombé sur lui, Et c'est par ses meurtrissures que nous sommes guéris. Es.53 :5

9. Car le mari est le chef de la femme, comme Christ est le chef de l'Église, qui est son corps, et dont il est le Sauveur. Ep.5 :23

10. Ne savez-vous pas que votre corps est le temple du Saint Esprit qui est en vous, que vous avez reçu de Dieu, et que vous ne vous appartenez point à vous-mêmes ? 1Co.6 :19

11. Le gouverneur prenant la parole, leur dit : Lequel des deux voulez-vous que je vous relâche ? Ils répondirent : Barabbas. Mt.27 :21

12. Vous aviez médité de me faire du mal : Dieu l'a changé en bien, pour accomplir ce qui arrive aujourd'hui, pour sauver la vie à un peuple nombreux. Ge.50 :20

Torche Envoûtante

Volume 18 – Série 2

Il faut que vous naissiez de nouveau

Avant-propos

Y a-t-il des gens inaccessibles à la Parole ? Posez la question à Paul, à Corneille et à Nicodème. Ils vous diront comment la révélation était directe, persuasive et impérative. En effet, Dieu annonce à tous les hommes, en tous lieux, qu'ils aient à se repentir, parce qu'il a fixé un jour où il jugera le monde selon la justice, par l'homme qu'il a désigné, ce dont il a donné à tous une preuve certaine en le ressuscitant des morts. » Ac.17 :30-31

Ne t'étonne pas que je t'aie dit « il faut que vous naissiez de nouveau. » Jn.3 : 7
Que vous soyez croyant ou mécréant, je vous adjure de lire cette série, Bible en main. Que le Saint-Esprit vous conduise dans toute la vérité. Il dépendra de vous de tirer votre conclusion.

Pasteur Renaut Pierre-Louis

Leçon 1
La nouvelle naissance, une décision souveraine

Textes pour la préparation : Ps.103 :14 ; Lu.9 :51 ; Jn.1 :29, 35 ; 3 :16 ; Ep.1 :1-4 ; 1Pi.1 :20 ; Ap.13 :8
Texte à lire en classe : Jn.3 :1-10
Verset à mémoriser : Le lendemain, il vit Jésus venant à lui, et il dit : Voici l'Agneau de Dieu, qui ôte le péché du monde. Jn.1 :29
Méthodes : Discours, comparaisons, questions
But : Montrer que la régénération est une décision arrêtée de Dieu.

Introduction
Quand Dieu a résolu de nous sauver, il n'avait pas fait appel à un Jury pour décider en dernier ressort. Le ciel seul en est souverain.

I. C'est un décret divin.

1. Depuis avant la fondation du monde, Dieu a prévu la chute de l'homme ainsi que les conséquences de toutes ses actions ; car il sait de quoi nous sommes formés. Il se souvient que nous sommes poussière. Ps.103 :14
2. Ainsi donc, notre chute ne l'étonne pas. C'est pourquoi il a prévu pour nous un plan de salut avant de nous introduire sur la planète. Jn.3 :16
3. Il prévoit comment redonner l'équilibre à toutes choses.

a. Jésus est l'agneau prédestiné avant la fondation du monde. 1Pi.1 :20
b. Car **en Christ** il nous a **élus** avant la fondation du monde **pour que nous soyons saints** et irrépréhensibles devant lui. Ep.1 :4

II. C'est un décret affirmé par Jean, le précurseur du Messie

1. Il présenta Jésus à ses disciples en ces termes : « Voici l'agneau de Dieu qui ôte le péché du monde. Jn.1 :29
2. Jésus sait que sa sentence de mort est arrêtée. Quand l'heure a sonné pour son sacrifice sur la croix, il prit résolument le chemin de Jérusalem, **le rendez-vous de la mort**. Lu. 9 : 51
3. Sur la croix du Calvaire, le Père était sourd à son appel. Il ne pouvait changer à la dernière minute une décision prise depuis des billions d'années, avant la fondation du monde. Ap.13 :8

Conclusion

Dieu a décidé de vous sauver, qu'attendez-vous pour lui dire : « Seigneur, me voici ?

Questions

1. Quand Dieu a-t-il décidé de sauver le monde ? Avant la fondation du monde.

2. Pourquoi notre chute ne l'avait-il pas étonné ?
   a. Il est omniscient.
   b. Il sait de quoi nous sommes formés. Il se souvient que nous sommes poussière.

3. Pourquoi fallait-il un corps pour subir la pénalité ?
   Parce que le péché était exprimé par un corps.

4. Comment Jean présenta- t-il le Seigneur à ses disciples ? Comme l'agneau de Dieu qui ôte le péché du monde.

5. Pourquoi le Père était-il sourd à l'appel de Jésus sur la croix ? Parce qu'il ne pouvait changer une décision prise avant la fondation du monde.

6. Vrai ou faux
   a. Un jury dans le ciel a voté pour notre salut. V__ F
   b. Dieu a une bergerie au ciel. Jésus était le plus bel agneau __V __F
   c. Jésus n'avait pas peur de mourir pour nos péchés. __V __ F
   d. Pour aller au ciel il faut être saint __ V __F

Leçon 2
Notre salut, une transaction parfaite

Textes pour la préparation : Es.55 : 1-5 ; Mc.8 :36-37 ; Jn.3 :16-17 ; 19 :30 ; Ro.7 :12-14 ; 1Co.15 :55-57 ; Ep.2 : 8-10 ; Ti.3 :5 ; 1Pi.1 : 18-19
Texte à lire en classe : Es.55 :1-8
Verset à mémoriser : Que le méchant abandonne sa voie, Et l'homme d'iniquité ses pensées ; Qu'il retourne à l'Éternel, qui aura pitié de lui, A notre Dieu, qui ne se lasse pas de pardonner. Es.55 : 7
Méthodes : Discours, comparaisons, questions
But : Montrer l'universalité du pardon de Dieu

Introduction
Aux noces de Cana, Jésus changea l'eau en vin quand les ressources des mariés étaient complètement épuisées. Ce couple symbolisait le premier Adam à ressources limitées. Jésus est le dernier Adam qui donne la vie en abondance.

I. Le salut est offert gratuitement

1. C'est une invitation générale prophétisée Par le Protévangéliste Esaïe :
   Vous qui avez soif, venez aux eaux, même celui qui n'a pas d'argent. Venez achetez ...sans rien payer. Es.55 :1

II. C'est un don de Dieu. Jn.3 :16-17
Pourquoi ? Parce que rien ici-bas ne peut sauver notre âme.

1. Considérons le prix d'une âme : Elle coute, le sang de Jésus-Christ, soit plus que la terre entière et son contenu. 1Pi.1 :18-19
   a. La fortune de tous les milliardaires du monde entier ne peut payer la moitié d'un billet pour le voyage d'une seule âme vers le ciel. Mc.8 :36-37
   b. Les bonnes œuvrent n'y peuvent rien. Elles doivent être ratifiées par l'obéissance au message de rédemption. Ep.2 :10
2. L'observation de la Loi n'y peut rien. Nul ne sera justifié par les œuvres de la Loi. Ro.7 :12-14
   a. Jésus a tout payé et s'est écrié : « Tout est accompli. » Jn.19 :30
   a. Dieu nous a sauvés non à cause des œuvres de justice que nous aurions faites, mais par le sang précieux de notre Seigneur Jésus-Christ. Ti.3 :5
3. Aucun fondateur de religion n'est mort et ressuscité pour le rachat de ses adeptes. Jésus est le seul champion sur la mort, sur le diable, le monde et la chair. 1Co.15 :55-57

Conclusion

Jésus vous invite à ses noces. Venez, car tout est prêt. Mt. 22 : 4

Questions

1. Que symbolisait le couple aux noces de Cana ? Adam et Eve

2. En quoi Adam diffère t-i l de Jésus-Christ ? Ses ressources étaient limitées, celles de Jésus-Christ étaient illimitées.

3. Combien faut-il payer pour le salut ? Rien

4. Pourquoi ?
   a. Parce que c'est un don de Dieu.
   b. Parce que personne ne pouvait l'acheter.

5. Comment savons-nous que la dette de nos péchés était payée ?
   Parce Jésus a dit : « Tout est accompli. »

6. Vrai ou faux
   a. Un syndicat des fondateurs de religion a dressé une pétition en faveur de tous les condamnés à l'enfer. __ V__ F
   b. Les milliardaires ont payé d'avance pour le salut de leur famille. __V __ F
   c. Les fondateurs de religion sont encore dans la tombe. __ V __ F
   d. Pour vous sauver, Jésus a tout préparé. __V __F

Leçon 3
La nouvelle naissance, un impératif catégorique

Textes pour la préparation : Jn.2 :1-11 ; 3 :2-7 ; 7 :15 ; Ro.3 :20 ; Ep.2 :8-10
Texte à lire en classe : Jn.3 :1-7
Verset à mémoriser : Ne t'étonne pas que je t'aie dit : Il faut que vous naissiez de nouveau. Jn.3 :7
Méthodes : Discours, comparaisons, questions
But : Montrer qu'il faut abandonner toutes les théories pour accepter Jésus comme sauveur.

Introduction
Si les bonnes manières pouvaient contribuer au salut, Nicodème serait le premier admis au ciel. Suivons son dialogue avec Jésus :

I. Il débute avec un compliment

1. Rabbi, nous savons que tu es un docteur venu de Dieu. Comment le savait-il ?
   a. Par des informations orales : Jésus a changé l'eau en vin. Cette nouvelle a gagné toute la Palestine. Jn.2 :11
   b. Nicodème était au courant des miracles que Jésus faisait à l'occasion de la fête de Paque à Jérusalem. Ainsi **il avait vu Jésus de profil. Jn.3 :2**
   c. Il aurait pu louer Jésus pour sa fidélité dans l'observation de la Loi, pour sa philanthropie exercée même envers les pauvres. Ro.3 :20 ; Ep.2 :10

d. Il devait certainement enquêter sur le niveau d'étude universitaire de Jésus-Christ. Il aurait pu prouver que le Seigneur n'était pas un gradué d'Hillel ou de Shammaï, les deux plus grandes facultés de théologie à l'époque.
   Jésus n'appartenait à aucune d'elles. Pourtant, il est doué de sagesse. Jn.7 :15
e. Les magiciens auraient pu changer l'eau en vin, mais nul ne saurait le boire. Jésus au contraire, changea l'eau en vin sans attendre les quarante-deux jours réglementaires pour la fermentation. **Autant voir Jésus de profil.**

II. Il vient maintenant pour voir Jésus de près.

Jésus ignorait ses compliments et lui dit au contraire : « Il faut que vous naissiez de nouveau. » Jn.3 :7

Conclusion

Si vous êtes convaincu par l'Evangile, abandonnez tout verbiage inutile. Venez à Christ maintenant car « il faut que vous naissiez de nouveau. »

Questions

1. Comment évaluer l'éducation de Nicodème ?
   Il aborda Jésus avec un compliment.

2. Qu'est-ce-qui poussait sa curiosité à voir Jésus ?
   Les miracles que Jésus faisait.

3. Comment considérer cette façon de voir Jésus ?
   Il le connait de profil.

4. Quand connait-il Jésus en profondeur ?
   Dans un contact personnel avec le Seigneur cette nuit-là.
5. Combien de temps doit prendre le bon vin pour sa fermentation ? Quarante-deux jours.

6. En combien de temps Jésus a-t-il changé l'eau en vin ? En quelques minutes.

Leçon 4
Du naturel au spirituel

Textes pour la préparation : Jn.3 : 1-7 ; 1Co.2 : 9-16 ; Ep.4 :18

Texte à lire en classe : 1Co.2 :9-16

Verset à mémoriser : Mais l'homme animal ne reçoit pas les choses de l'Esprit de Dieu, car elles sont une folie pour lui, et il ne peut les connaître, parce que c'est spirituellement qu'on en juge. 1Co.2 :14

Méthodes : Discours, comparaisons, questions

But : Comparer la naissance avec la nouvelle naissance

Introduction

La nouvelle naissance était pour Nicodème une théorie nouvelle. Au pied de Jésus, il avait l'air d'un élève du jardin d'enfant. Jésus lui disait : « Si un homme ne nait de nouveau, il ne peut voir le royaume de Dieu ». Jn.3 : 3 Ecoutons sa question insensée :

I. **Comment un homme peut-il naitre quand il est vieux** ? Peut-il rentrer dans le sein de sa mère et naitre ? Jn.3 : 4 Quelle absurdité !

   1. Il ignorait que le fœtus est siégé dans le placenta de la mère.

      Le corps se développe graduellement avec toutes les facultés sensorielles (l'ouïe, la vue, l'odorat, le gout et le toucher). Cependant, elles ne sont pas opérationnelles. Le fœtus ne peut voir, entendre, toucher ou gouter. Pendant la période d'incubation, l'enfant se nourrit à partir du cordon ombilical. Ainsi donc, il fait un avec sa mère.

2. Son monde est limité à cet environnement.
   a. C'est seulement à la naissance qu'il peut jouir de toutes ses facultés.
   b. L'homme naturel est spirituellement dans cette catégorie. Il vit dans un environnement fermé, l'environnement de sa culture, de ses traditions et de sa religion.
      Il ne peut concevoir les choses de l'Esprit et ne peut rien comprendre de l'Evangile. 1Co.2 :14
   c. Paul dit : Ayant **l'intelligence obscurcie**, ils sont étrangers à la vie de Dieu à cause de l'ignorance qui est en eux. Ep.4 : 18
   d. Puisqu'il n'est pas né de nouveau, il ne peut voir le royaume de Dieu.

En tant que Juif, Nicodème digère mal cette vérité.

Conclusion

Votre théorie vous perd. Jésus sauve. Soyez né de nouveau.

Questions

1. Justifiez l'incompétence de Nicodème devant Jésus ? Il demanda à Jésus si un enfant peut rentrer dans le sein de sa mère et naitre.

2. Où se trouve le fœtus dans le ventre de la femme ? Dans le placenta

3. Quels sont les éléments vitaux de l'enfant dans le sein de la mère ?
   Il possède les facultés sensorielle, visuelle, auditive, gustative, et olfactive.

4. Comment fonctionnent ces facultés ?
   a. D'une façon cachée.
   b. L'enfant se nourrit à partir du cordon ombilical.
   c. Il jouira de toutes ses facultés seulement à la naissance.

5. Qu'est-ce qu'il illustre au point de vue spirituel ?
   a. Il est comparé à l'homme naturel enveloppé dans sa culture dans ses traditions et dans sa religion.
   b. Il ne peut concevoir les choses spirituelles.
   c. Son intelligence est obscurcie.
   d. Il est étranger à la vie de Dieu.

6. Quand pourra- t-il voir le royaume de Dieu ?
   Quand il est né de nouveau

Leçon 5
Religieux mais perdu

Textes pour la préparation : Es. 35 :10 ; 51 :11 Es.9 :7 ; Jn. 3 :16 ; 10 :28 ; 14 :1-6 ; 5 :39-40 ; 8 :23 ; 11 :25-26 ; Ac.4 :12
Texte à lire en classe : Jn.5 :36-40
Verset à mémoriser : Vous sondez les Écritures, parce que vous pensez avoir en elles la vie éternelle : ce sont elles qui rendent témoignage de moi. Jn.5 :39
Méthodes : Discours, comparaisons, questions
But : Montrer que le salut de l'homme est une transaction décidée depuis le ciel.

Introduction
Telle voie parait droite à un homme mais son issue c'est la voie de la mort. Que dois-je faire Nicodème, pour vous en écarter ? Mettez-vous un instant et écoutez.

I. Votre religion a un caractère social.

1. Elle est limitée à la terre et n 'amène pas à Dieu. Nul ne vient au Père que par moi. Jn.14 :6.
2. Votre adoration vient d'en bas mais le salut vient d'en haut. Jn.8 :23
3. Tous vos livres s'inspirent de vos expériences naturelles et vous permettent d'obtenir un diplôme matériel. Ils sont votre boussole pour rechercher la connaissance, pour développer vos expériences en vue d'une meilleure vie sur

terre. Voilà leur aboutissement. Mais vous sondez les Ecritures parce que vous croyez avoir en elles la vie éternelle. Ce sont elles qui rendent témoignage de moi. Venez à moi pour avoir la vie. Jn.5 :39

II. Les fondateurs de religion sont des mortels.

1. Ils gisent dans la tombe ainsi que leurs adhérents. Contrairement à Jésus. Il dit :
2. Je suis la résurrection et la vie. Quiconque vit et croit en moi ne mourra jamais. Jn.11 :25-26
3. La vie éternelle que je donne s'accompagne d'accessoires éternelles. Jn.3 :16
   a. La paix éternelle. Es. 9 :7 ;
   b. La joie éternelle ; Es. 35 :10 ; 51 :11 ;
   c. La sécurité éternelle. Jn.10 :28.
   d. Aucun fondateur de religion ne peut promettre la vie et le salut en abondance. Ac.4 :12
4. Ne t'étonne pas que je t'aie dit : « Il faut que vous naissiez de nouveau. »

Conclusion

Nicodème moderne, vous avez déjà assez pour réfléchir et prendre la noble décision.

Questions

1. Quelle est l'effet de la religion ?
   Elle est limitée à la terre.

2. Quelle est l'utilité des livres sur la terre ?
   Ils permettent d'acquérir de la connaissance pour une meilleure vie sur la terre.

3. Quel est le livre qui va au-delà de la terre ?
   La Bible, la Parole de Dieu.

4. Quelle est l'utilité de la Bible ?
   a. Elle rend témoignage de Jésus-Christ
   b. Elle nous montre le chemin de la vie éternelle.

5. Où sont les fondateurs de religion ? Ils sont tous dans la tombe ainsi que leurs adhérents.

6. Quelles sont les accessoires de la vie éternelle ?
   La paix éternelle, la joie éternelle, la sécurité éternelle.

Leçon 6
L'intervention de Dieu dans la naissance et dans la nouvelle naissance

Textes pour la préparation : Jn.14 :6 ; Ac.11 :18 ; Ro.10 : 9-17 ; 1Co.15 :45 ; Ep.2 :1-2
Texte à lire en classe : Ro.10 :14-17
Verset à mémoriser : Ainsi la foi vient de ce qu'on entend, et ce qu'on entend vient de la parole de Christ. Ro.10 :17
Méthodes : Discours, comparaisons, questions
But : Etablir la part de Dieu et la part de l'homme dans les deux naissances.

Introduction

Une vérité demeurée éternelle : Pour la procréation Il faut un homme, une femme avec l'intervention de Dieu.

I. La participation de l'homme

1. Il peut choisir son partenaire et en bon père, s'occuper de sa famille.

II. La participation de Dieu :

1. Il vous choisit entre plus de 50,000 germes.
2. Il détermine votre sexe, votre couleur, votre famille, votre quota d'intelligence, votre croissance, votre vocation et votre destinée.
3. Il vous réserve une destinée éternelle par Jésus seul. Jn.14 :6

III. Ignorance d'un juriste.

1.Sur le phénomène de la naissance naturelle

a. Nicodème ignore qu'une fois sorti du sein maternel, il est impossible pour l'enfant d'y retourner, car son cartilage devient des os durs en vue de sa croissance normale. Jn.3 : 4
b. La traction pour la délivrance de la femme est seulement l'œuvre de Dieu.
c. L'enfant est né de la chair. Il annoncera son apparition par un cri. C'est le phénomène de la naissance naturelle.

2. Sur le mystère de la naissance spirituelle

Lorsque l'individu entend la parole de Dieu, *la foi entre en lui* pour provoquer le mystère de la nouvelle naissance. Ro.10 :17

a. La repentance suit immédiatement : Ac.11 :18
b. Il perce *la poche des eaux* de la tradition, de la peur et de la religion qui l'enveloppaient. Ep.2 :1-2
c. La conversion est ainsi produite et il devient une âme vivante. 1Co.15 :45
d. *Il pousse un cri* : C'est le témoignage qu'il rend à la gloire de Dieu. Ro.10 :9

Conclusion

Ne t'étonne pas que je t'aie dit : « Il faut que vous naissiez de nouveau »

Questions

1. Qui sont impliqués dans la procréation ?

Un homme, une femme et Dieu

2. Quelle en est la contribution de l'homme ?
   a. Il consomme la relation conjugale avec son partenaire.
   b. Il choisit son mode de vie.
   c. Il prend soin de son enfant et l'instruit.

3. Quel est le rôle de Dieu dans la procréation ?
   a. Il décide quel germe va devenir vous.
   b. Il détermine le sexe, la couleur, la race, la famille, le quota d'intelligence et votre destinée.
   c. Il se charge de votre croissance et même de votre vie après la mort.
4. Etablissez un parallèle entre la naissance et la nouvelle naissance.
   a. Dieu provoque une traction dans le sein de la femme pour la naissance.
      De même, Il provoque la repentance dans le pécheur au moyen de la parole en vue de la nouvelle naissance.
   b. L'enfant perce le porche des eaux pour la naissance.
      De même, le croyant se dégage des traditions, de la peur et de la religion en vue de la nouvelle naissance.
   c. La sage-femme détache l'enfant du cordon ombilical à la naissance.
   d. De même, le Saint-Esprit détache le cœur du croyant de toutes les attaches du monde à la nouvelle naissance.

Leçon 7
Nicodème avoue son ignorance

Textes pour la préparation : Ps.91 :1 ; Lu.17 :23 ; 23 :43 ; Jn.3 :1-10 ; 15 :3 ; 16 :8 ; Ac.2 :38 ; Ro.10 :17 ; 2Co.5 :17 ; Ep.5 :25-26 ; 1Jn.5 :19

Texte à lire en classe : Jn.3 : 1-10

Verset à mémoriser : Jésus lui répondit : Tu es le docteur d'Israël, et tu ne sais pas ces choses Jn.3 :10

Méthodes : Discours, comparaisons, questions

But : Montrer que tout savant doit fléchir devant l'omniscience de Jésus-Christ.

Introduction

Nicodème, un diplômé de la Faculté de théologie d'Hillel ou de Shammai, vint, de nuit, visiter Jésus, un diplômé du ciel. Jn.3 :2

I. Quelle était la nature de leur débat théologique ?

Quoique grand intellectuel, Nicodème admit son ignorance sur les lois de la physiologie animale et de la météorologie. Jn. 3 : 4, 8-9

1. Jésus l'invita à se convertir comme la seule condition de voir le royaume de Dieu. Jn.3 :3.
2. Inutile de chercher le salut ailleurs. Lu.17 :23
3. Dès lors, il se tait et laisse parler Jésus. Jn.3 :10

II. Que signifie « Naitre d'eau et d'Esprit ». Jn.3 : 5

1. Naitre d'eau et d'Esprit n'est pas le baptême : C'est un processus :
   a. Quand vous entendez la parole, elle purifie votre cœur. Jn.15 :3 ; Ep. 5 : 25-26
   b. Le Saint Esprit vous convainc de péché. Jn. 16 :8 ; Ro.10 :17
   c. La repentance et la conversion suivent normalement. Ac.2 :38.
   d. Le baptême en résulte comme une confirmation de la foi. Mt.28 :19
   e. Une fois né de l'Esprit et conduit par l'Esprit, votre vie tient du mystère. Jn.3 : 8 Il n'est plus sous la puissance du malin mais sous la puissance de Dieu. Ps. 91 :11Jn.5 :19
   f. Retenez que Jésus admit le bon larron dans le paradis sans son baptême. Lu.23 :43
2. La chenille passe vingt-deux jours dans un cocon avant de devenir papillon. Le pécheur s'enferme dans la repentance et la conversion à Jésus-Christ pour devenir une nouvelle créature. 2Co.5 :17

Conclusion

Ainsi ne t'étonne pas que je t'aie dit : « IL FAUT QUE VOUS NAISSIEZ DE NOUVEAU »

Questions

1. Sous quelle appellation Nicodème reconnait-il Jésus-Christ ? Un docteur venu de Dieu

2. Comment Jésus répondit-il à son compliment ? Il le met dans l'obligation de se convertir.

3. Quelle était la réaction de Nicodème ? Il se tait et laisse parler le Seigneur.

4. Que veut dire « naitre d'eau et d'esprit »
   a. Obtenir la foi quand on entend la Parole.
   b. Se repentir grâce à l'action du Saint Esprit dans le cœur.

5. Démontrez que le baptême n'est pas l'essentiel pour entrer dans le royaume de Dieu.
   Le larron sur la croix entre dans le paradis sans être baptisé.

Leçon 8
Nicodème désillusionné

Textes pour la préparation : Lu. 16 :25 ; Jn.1 : 17-18 ; 3 :13-16 ; 8 :12 ; 14 :6 ; Ep.2 :8
Texte à lire en classe : Jn.1 :14-18
Verset à mémoriser : Personne n'a jamais vu Dieu ; le Fils unique, qui est dans le sein du Père, est celui qui l'a fait connaître. Jn.1 :18
Méthodes : Discours, comparaisons, questions
But : Convaincre un rabbin juif de la messianité de Jésus-Christ

Introduction
Allo Nicodème ! Souvenez-vous d'apporter un cahier de notes à votre plus prochaine rencontre avec le maitre, Jésus-Christ.

I. En dehors de ses doctes préoccupations, Nicodème devait apprendre ceci :

1. Personne n'est monté au ciel, excepté Jésus Jn.3 :13
   a. Partant, Hénoch, Elie, Abraham, Lazare, et Marie, la mère de Jésus, ne sont pas au ciel, mais dans le séjour des bienheureux. Jn.3 :13 : Lu. 16 :25
   b. Ils attendent la résurrection. 1Th.4 :15
2. Jésus est Dieu et comme tel, il est le seul à pouvoir témoigner de Dieu et de ses œuvres. Car personne n'a jamais vu Dieu. Jésus seul a pu le révéler. Le vrai témoin de Jéhovah, c'est Jésus. Jn.1 :18

3. Jésus est plus grand que Moise. Celui-ci n'a fait que l'annoncer et le typifier. Moise avait pour mission d'introduire le peuple en Canaan, appelée la Terre Promise. Jésus vient pour nous introduire dans le Canaan céleste. Ce sera la vie éternelle dans la présence de Dieu. Jn.14 :6
4. Jésus est venu pour sauver tous les hommes, les juifs et les non juifs. Jn.3 :16
5. La loi juge et condamne, la grâce justifie et pardonne. Jn.1 :17 ; Eph.2 :8
6. Seuls les mauvais livres peuvent être gardés au secret parce qu'ils relèvent du monde occulte.
7. Nul n'a besoin de chercher Jésus en cachette ni au milieu de la nuit : il est la lumière du monde. Jn.8 :12

Conclusion

Nicodème doit se sentir abasourdi par la profondeur de ces révélations. Il se décide à rejeter la Loi pour accepter le salut par grâce. Il veut être né de nouveau. Et qu'en est-il de vous ?

Questions

1. Que doit apprendre Nicodème sur lieu d'habitation des personnes décédées ?
   a. A part Jésus, personne n'est monté au ciel.
   b. Tous sont dans le séjour des morts.

2. Citez en quatre ?
   Abraham, Elie, Marie et Lazare

3. Qui est le véritable témoin de Jéhovah ?
   Jésus-Christ.

4. Pourquoi ? Lui seul peut témoigner de Dieu et de ses œuvres.

5. Comparez Jésus à Moise
   a. Moise est seulement un type de Jésus-Christ. Jésus est le Messie promis.
   b. Moise avait pour mission d'introduire le peuple d'Israël dans le Canaan terrestre. Jésus ouvre le Canaan Céleste à tous, juifs et païens.
   c. Moise était venu avec la Loi qui condamne ; Jésus vient avec la grâce qui sauve.

6. Quelles devraient être les réflexions personnelles de Nicodème ?
   a. Seuls les livres occultes peuvent être gardés secret.
   b. Nul n'a besoin de chercher Jésus en cachette ; il est la lumière du monde.

Leçon 9
Les nouvelles leçons apprises par Nicodème

Textes pour la préparation : Mt.13 :55 ; Mc.16 :17-18 ; Jn.1 : 14-17 ; 3 :3-7 ; Lu. 19 : 10 ; 5 :39-40 ; Ro.8 :1 ; 2Ti.3 :14-17
Texte à lire en classe : Jn.1 : 6-17
Verset à mémoriser : Car la loi a été donnée par Moïse, la grâce et la vérité sont venues par Jésus Christ. Jn.1 :17
Méthodes : Discours, comparaisons, questions
But : Convaincre Nicodème sur la portée de la dispensation de la grâce.

Introduction
Nicodème eut la tête lourde mais le cœur léger et satisfait après sa visite au Seigneur. Qu'est-ce qu'il va partager ?

I. Il va partager La parole faite chair.

1. La bible comme la seule autorité en matière de foi et de conduite. 2Ti. 3 :16
   Les livres des hommes peuvent faire de vous des savants et des riches ; seule la Bible vous dicte le chemin vers le ciel. Jn.5 :39
2. Jésus vient avec la dispensation de la grâce. Elle est indispensable au salut. Jn.1 :17
3. Les miracles n'ont pas fait de Jésus un docteur venu de Dieu. Il est le Dieu fait homme pour sauver les hommes. Jn.1 :14

4. Le grand savoir du docteur est tombé à zéro devant un simple charpentier. Mt.13 :55 Satan ne reconnait pas les diplômes, les grades ou les degrés. Il vous suffit de connaitre Jésus comme votre sauveur pour faire des miracles, pour chasser les démons, pour neutraliser les effets des poisons et pour guérir des malades. Mc.16 :17-18
5. Tout grand intellectuel et tout grand rabbin qu'il fut, Nicodème n'a pu sauver ni les autres ni lui-même. Et d'ailleurs, aucun gouvernement, aucun chef d'Etat, aucun leader religieux ne peut résoudre les problèmes intimes de l'homme. Jn.3 :3,7
6. Jésus est venu chercher et sauver ce qui était perdu. Lu.19 :10
7. Il n'y a aucune condamnation pour ceux qui sont en Jésus-Christ. Ro.8 :1

Conclusion

Si par hasard vous rencontrez Nicodème, dites-lui de vous conduire au Seigneur Jésus. Je l'entends qui vous dit : « Ne t'étonne pas que je t'aie dit : « Il faut que vous naissiez de nouveau. »

Questions

1. Que peut partager Nicodème avec un juif de son temps ?
   Que Jésus est la Parole de Dieu faite chair.

2. Comment l'expliquer ?
   a. La Parole est Dieu.
   b. Elle est la seule autorité en matière de foi et de conduite.

3. Qu'y a-t-il de nouveau dans le message de Jésus-Christ ?
   a. La dispensation de la grâce à tous les pécheurs.
   b. Jésus est Dieu avec ou sans les miracles.
   c. Il suffit de croire en Jésus pour faire des miracles.
   d. Le titre de Rabbin ne peut sauver.

4. Quelle était la véritable mission de Jésus-Christ ?
   a. Chercher et sauver ce qui était perdu.
   b. Délivrer les âmes de la condamnation éternelle.

5. Si par hasard, vous rencontriez Nicodème qu'est-ce qu'il vous dirait ? « Il faut que vous naissiez de nouveau. »

Leçon 10
La préoccupation de Nicodème

Textes pour la préparation : Mc.16 :15 ; Jn.3 :6-16 ; Jn.7 :50-52 ; 19 : 38-42 ; Ac.2 :38 ; 4 :12
Texte à lire en classe : Jn.3 :1-7
Verset à mémoriser : Ce qui est né de la chair est chair, et ce qui est né de l'Esprit est Esprit. Jn.3 :6
Méthodes : Discours, comparaisons, questions
But : Montrer que Nicodème était réduit à un seul choix : Accepter Jésus comme son Seigneur et Sauveur

Introduction

On ne peut sortir de la présence du Seigneur sans retenir des paroles qui doivent poursuivre votre conscience jour et nuit. Imaginons l'état d'âme de Nicodème :

I. Nicodème aurait dû retenir ceci :

1. Le produit de nos parents naturel est chair. C'est la naissance. Le produit de Dieu le Père est esprit. C'est la nouvelle naissance. Jn.3 :6
2. Le vent c'est de l'air en mouvement. Il est provoqué par un déplacement de l'air chaud plus léger que l'air froid. De même, la chaleur du Saint Esprit nous inspire à sa façon, à son heure et dans la direction voulue par Dieu. Jn.3 : 8 ; 16 :13
3. Jésus annonce l'ère de la mondialisation avec son message qui déborde les frontières du

judaïsme. D'où l'usage des expressions purement néotestamentaires telles que : Evangile, pardon des péchés, baptême, nouvelle naissance, vie éternelle, Saint-Esprit, salut pour tous, juifs et païens. Mc. 16 : 15 ; Jn.3 : 3,16 ; Ac.2 :38

II. La nouvelle position de Nicodème

1. Désabusé, il s'est décidé à se convertir.
2. Il a prouvé sa conversion par son témoignage pour Jésus devant les soixante-onze membres du Sanhedrin (tribunal juif à pouvoir théocratique). Jn.7 :50-52
3. Il a bravé l'opposition des ennemis pour se charger des funérailles du Seigneur. Jn.19 :38-42
4. Nicodème aurait pu dire aujourd'hui que Charlemagne avec l'arme de la guerre, Voltaire avec son grand savoir, Beethoven et Mozart avec leurs plus belles compositions, n'ont pas pu sauver le monde avec leur art ou leur connaissance. Jésus est le seul sauveur. Ac.4 :12

Conclusion

Le reconnaissez-vous comme tel ?

Questions

1. Que doit absolument retenir Nicodème sur le mystère de la naissance ?
   La naissance physique est l'œuvre de nos parents ; la naissance spirituelle est l'œuvre du Saint-Esprit.

2. Que doit-il admettre dans le mystère de la nouvelle naissance ?
   Si l'explication des phénomènes naturels nous échappent parfois, à plus forte raison, le mystère de la nouvelle naissance par l'action du Saint-Esprit dans le croyant.

3. Quels sont les termes nouveaux dans le vocabulaire du Nouveau Testament ?
   Evangile, pardon, vie éternelle, baptême, nouvelle naissance, salut pour tous.

4. Comment Nicodème a-t-il pu prouver sa conversion à l'Evangile ?
   a. Il témoigne pour Jésus dans son lieu de travail, devant les ennemis de l'Evangile.
   b. Il embauma le corps du Seigneur après sa crucifixion.

Leçon 11
Une femme de distinction

Textes pour la préparation : 2R. 4 : 8-37
Texte à lire en classe : 2R. 4 :8-17
Verset à mémoriser : Jésus lui dit : Ne t'ai-je pas dit que si tu crois, tu verras la gloire de Dieu ?
Jn.11 : 40
Méthodes : Discours, comparaisons, questions
But : Montrer les vertus d'une femme hospitalière.

Introduction
Comment héberger chez soi un étranger ? Soyons renseignés auprès de la Sunamite.

I. Qui était-elle dans sa vie sociale ?
1. Une femme de distinction. 2R.4 : 8
2. Une femme réservée et de haute moralité. Pr.31 :11
   a. Elle invita le prophète Elisée à manger chez elle. 2R. 4 : 8
   b. D'accord avec son mari, elle bâtit une chambre pour les visites occasionnelles de l'homme de Dieu. 2R.4 : 10

II. Qui était-elle dans sa vie personnelle ?
1. « Elle n'avait pas d'enfant et son mari était vieux. » 2R.4 : 14
2. L'homme de Dieu l'appela. **Elle se présenta à la porte mais n'entra pas dans la chambre**. 2R.4 :15

3. Elisée prophétisa sur elle pour qu'à l'année suivante, à la même heure, elle eût un bébé. Et cela fut ainsi. 2R. 4 : 15,17
4. Quand l'enfant fut frappé d'une maladie cérébrale, **elle n'alla pas seul auprès du prophète,** elle demanda à son mari de lui adjoindre un serviteur.
5. Elle coucha l'enfant sur le lit du prophète et partit. 2R.4 : 21-22
6. Elle refusa gentiment le conseil de son mari d'ajourner son voyage, en lui disant : « Tout va bien » et elle partit avec foi. » 2R.4 :23-24
7. Elle se jeta aux pieds du prophète **et elle ne retourna pas chez elle sans la présence physique du prophète pour justifier sa conduite**. 2R. 4 : 27
8. Dieu sauva l'enfant par le souffle du Saint Esprit dans la bouche du prophète. 2R. 4 : 34

Conclusion

Le respect pour son mari s'exprime par l'attitude digne démontrée en la présence de tout autre homme. Mesdames, prenez note.

Questions

1. Comment la Bible nous désigne- t-elle la Sunamite ? Comme une femme de distinction

2. Comment peut-on le prouver ?
   a. Elle se garde d'entrer dans la chambre du visiteur quand la chambre est occupée.
   b. C'est au mari de lui choisir un compagnon de route.
   c. Elle tient à ce que le prophète vienne à la maison pour justifier son déplacement.

3. Justifiez sa foi en Dieu
   a. Elle mit l'enfant dans la chambre du représentant de Dieu.
   b. Elle va auprès de l'homme de Dieu
   c. Elle croit dans sa prière pour guérir l'enfant

4. Vrai ou faux
   a. La Sunamite était une femme vertueuse. __V __F
   b. Elle respecte les droits de son mari. __V__F
   c. Elle vénère les vertus de l'homme de Dieu. __ V__ F
   d. Cette femme craint Dieu. __ V__ F
   e. Son mari a confiance en elle. __ V __ F

Leçon 12
Un prophète de distinction

Textes pour la préparation : 2R. 4 : 8-37
Texte à lire en classe : 2R.4 :25-37
Verset à mémoriser : Il monta, et se coucha sur l'enfant ; il mit sa bouche sur sa bouche, ses yeux sur ses yeux, ses mains sur ses mains, et il s'étendit sur lui. Et la chair de l'enfant se réchauffa. 2Roi.4 :34
Méthodes : Discours, comparaisons, questions
But : Montrer la discipline recommandable par tout homme de Dieu devant les femmes.

Introduction
Si la Sunamite était une femme de distinction, que dire du prophète Elisée ?

I. Il était un serviteur de Dieu distingué

1. Il était toujours accompagné de Guéhazi son serviteur pour protéger son témoignage. 2R.4 :12
2. Il traitait Guéhazi en confident. 2R.4 : 13
3. Quand il voulut apprécier la générosité de la Sunamite, il le faisait en présence de Guéhazi. 2R.4 :15
4. Il pria Dieu publiquement et **non en aparté** pour l'enfant. 2R.4 : 14-17
5. Dieu l'exauça. Et un jour, quand cet enfant fut atteint d'une maladie cérébrale, la **femme vint se jeter à ses pieds**. Il ne l'avait

pas repoussée parce qu'il avait compris la profondeur de son amertume. 2R.4 : 27

II. Il était un homme de foi. Pourquoi ?
L'Eternel ne lui avait fait aucune révélation sur la mort de l'enfant pour deux raisons :

1. Pour éprouver la foi du prophète.
2. Pour prouver la souveraineté de Dieu dans les cas de résurrection. 2R.4 : 27
3. **Et voici la mère qui embrassa ses pieds. En tant que prophète célibataire, il aurait pu profiter de cet attendrissement pour un épanchement sentimental**. Mais l'homme de Dieu était sanctifié. 2R.4 :27b
4. Arrivé à la maison, il trouva l'enfant mort dans la chambre réservée à lui et à Guéhazi. Il procéda à sa réanimation cardiopulmonaire (CPR). Ainsi le souffle du Saint-Esprit dans le prophète ressuscita l'enfant. 2R.4 :34
5. C'est seulement **après cette intervention réussie qu'il remit l'enfant à sa mère**. 2R.4 : 36-37

Conclusion

Pour bons et fidèles serviteurs de Dieu que vous soyez, observez la prudence dans vos relations avec les femmes. Pasteurs, prenez notes.

Questions

1. Prouvez qu'Elisée était un serviteur de Dieu distingué
   a. Il était toujours accompagné de Guéhazi son serviteur pour protéger son témoignage.
   b. Il traita Guéhazi en confident. 2R.4 : 13
   c. Il s'adressa à la Sunamite en présence de Guéhazi .
   d. Il n'invitait pas la Sunamite dans sa chambre même dans un cas critique.

2. Prouvez qu'il était un homme de foi.

   a. Il pria pour la femme et prophétisa la venue d'un enfant dans un an. Et cela fut ainsi.
   b. Il réanima l'enfant mort par le souffle du Saint Esprit en lui.

3. Pourquoi Dieu ne lui a-t-il pas révélé la mort de l'enfant ?

   a. Pour éprouver le degré de foi et de sanctification du prophète.
   b. Pour qu'il sache que Dieu n'est jamais absent.
   c. Pour qu'il sache que dans les cas de résurrection, Dieu est le seul souverain.

Récapitulation des versets

1. Le lendemain, il vit Jésus venant à lui, et il dit : Voici l'Agneau de Dieu, qui ôte le péché du monde. Jn.1 :29

2. Que le méchant abandonne sa voie, Et l'homme d'iniquité ses pensées ; Qu'il retourne à l'Éternel, qui aura pitié de lui, A notre Dieu, qui ne se lasse pas de pardonner. Es.55 : 7

3. Ne t'étonne pas que je t'aie dit : Il faut que vous naissiez de nouveau. Jn.3 :7

4. Mais l'homme animal ne reçoit pas les choses de l'Esprit de Dieu, car elles sont une folie pour lui, et il ne peut les connaître, parce que c'est spirituellement qu'on en juge. 1Co.2 :14

5. Vous sondez les Écritures, parce que vous pensez avoir en elles la vie éternelle : ce sont elles qui rendent témoignage de moi.Jn.5 :39

6. Ainsi la foi vient de ce qu'on entend, et ce qu'on entend vient de la parole de Christ. Ro.10 :17

7. Jésus lui répondit : Tu es le docteur d'Israël, et tu ne sais pas ces choses Jn.3 :10

8. Personne n'a jamais vu Dieu ; le Fils unique, qui est dans le sein du Père, est celui qui l'a fait connaître. Jn.1 :18

9. Car la loi a été donnée par Moïse, la grâce et la vérité sont venues par Jésus Christ. Jn.1 :17

10. Ce qui est né de la chair est chair, et ce qui est né de l'Esprit est Esprit. Jn.3 :6

11. Jésus lui dit : Ne t'ai-je pas dit que si tu crois, tu verras la gloire de Dieu ? Jn.11 : 40

12. Il monta, et se coucha sur l'enfant ; il mit sa bouche sur sa bouche, ses yeux sur ses yeux, ses mains sur ses mains, et il s'étendit sur lui. Et la chair de l'enfant se réchauffa. 2Roi.4 :34

Torche Envoûtante

Volume 18 - Série 3

Tu as abandonné ton premier amour

Avant-propos

Quel amoureux charmant ! Quel époux conciliant ! Quelle marque de patience envers une épouse insouciante ! Jésus, c'est bien lui cet époux !

Ne méritons-nous pas ses reproches ? Rassemblons-nous à ses pieds et apprenons à aimer comme lui.

Pasteur Renaut Pierre-Louis

Leçon 1
Reproche 1 : Vous avez mal géré mes précieux souvenirs

Textes pour la préparation : Ps.139 : 5 ; Mt. 6 :33 ; 11 :20-40 ; 14 :23-31 ; 28 :20 ; Lu.5 :20 ; Jn.8 :12 ; 11 : 3-6 ; 2Co.13 :5 ; 2Pi.3 :9 ; Ap.2 : 4
Texte à lire en classe : Ap.2 :1-7
Verset à mémoriser : Souviens-toi donc d'où tu es tombé, repens-toi, et pratique tes premières œuvres. Ap.2 :5a
Méthodes : Discours, comparaisons, questions
But : Conscientiser les chrétiens sur le prix de leur rédemption.

Introduction
Rien ne donne plus de confiance en l'avenir que les heureux souvenirs accumulés dans la relation entre deux amoureux. Combien en avez-vous avec Christ ?

I. Voyons d'abord, les souvenirs de son agréable Présence.
1. Il est avec vous tous les jours. Mt.28 :20
2. Il vous entoure par derrière et par devant et il met sa main sur vous. Ps.139 :5
3. Il éclaire vos sentiers. Jn.8 :12

II. Considérons ensuite ses souvenirs dignes d'un parfait amant.
1. Il vous accepte comme vous êtes. Mt. 11 :28
2. Il est fidèle à ses promesses. Mt.6 :33

3. Il excuse toutes vos fautes. Lu.5 :20
4. Il n s'impose pas. Il vous laisse avec la pleine liberté d'agir. Ap.3 :20
5. Il attend avec patience votre changement de conduite. 2Pi.3 :9
    a. Si, au fort du danger, vous constatez son absence, sachez qu'il veut vous former à la patience et créer en vous la soif de sa présence. Jn.11 : 3-6 ; Ja.1 :2-3
    b. Il veut exercer votre foi. Mt.14 : 31

III. Ce qu'il vous faut retenir :

1. Les souvenirs de votre première rencontre avec votre amant sont liés au premier amour. La chaleur de cette aventure ne devrait pas se refroidir. Ap.2 :4
2. Si vous n'avez aucun souvenir de votre conversion,
    a. C'est un signe d'abandon de votre premier amour.
    b. C'est une preuve de manque de consécration.
    c. C'est une preuve de manque de foi en notre Seigneur Jésus-Christ. 2Co.13 :5

Conclusion

Un pareil reproche doit vous inviter à la réflexion. Revenez à votre passé, félicitez Christ pour sa patience et donnez-lui gloire pour le salut gratuit qu'il vous accorde.

Questions

1. Quels sont vos souvenirs de la présence de Jésus-Christ ?
   a. Il est avec moi tous les jours.
   b. Il m'entoure par derrière et par devant et il met sa main sur moi.
   c. Il éclaire mes pas.

2. Que dois-je retenir de lui comme un parfait amant ?
   a. Il m'accepte comme je suis.
   b. Il est fidèle à ses promesses.
   c. Il excuse toutes mes fautes.
   d. Il use de patience envers moi.

3. Pourquoi Dieu s'absente t'il parfois quand nous avons besoin de lui en urgence ?
   a. Il veut créer en nous la soif de sa présence.
   b. Il veut exercer notre foi.

4. Qu'est-ce qu'une fiancée ne doit pas oublier ? Les aventures de la première rencontre avec son fiancé.
5. Que peut signifier un tel oubli ? Le premier amour n'est plus.

6. Que doit faire le pécheur pendant toute sa vie ?
   a. Remercier Christ pour sa patience,
   b. Lui donner gloire pour le salut.

Leçon 2
Reproche 2 : Vous avez tardé à réparer vos erreurs.

Textes pour la préparation : Mt.5 :15 ; 7 :7-8 ; 25 :34-40 ; Jn.14 :27 ; Ep.2 :10 ; 6 : 14-15 ; Ap.2 :2-5
Texte à lire en classe : Ap.2 :1-7
Verset à mémoriser : Souviens-toi donc d'où tu es tombé, repens-toi, et pratique tes premières œuvres ; sinon, je viendrai à toi et j'ôterai ton chandelier de sa place, à moins que tu ne te repentes. Ap.2 :5
Méthodes : Discours, comparaisons, questions
But : Amener les chrétiens à la repentance

Introduction

Trop d'habitude détruit le respect et le vrai amour. Quels étaient les reproches du Seigneur à l'Eglise d'Ephèse ?

I. Avant de les lui adresser, il félicite :

1. Son œuvre : C'est le travail réalisé grâce aux dons de Dieu. Ep.2 :10
2. Son travail : Ce sont les œuvres sociales et humanitaires. Mt.25 : 34-40
3. Sa persévérance : C'est sa régularité aux services de l'Eglise. Ap.2 : 2
4. Sa fidélité : elle suit la vraie doctrine. Ap.2 :2
5. Son endurance : C'est sa foi inébranlable dans les épreuves. Ap.2 : 3

II. Quels sont maintenant ses reproches ?

L'amour du chrétien n'est plus sincère. Ap.2 :4
Le Retour de Christ n'est plus sa priorité.

1. Christ lui donne un manteau de grâce et de justice, il le cache dans les tiroirs de l'oubli et de l'indifférence. Mt.5 :15
2. Christ lui donne une broche de paix, il brandit l'épée de la violence. Jn.14 :27
3. Christ lui donne des chaussures de zèle pour aller et prêcher l'Evangile, Il préfère porter une paire de pantoufles pour garder la maison. Ep. 6 : 15
4. Christ lui dit de demander pour recevoir, il préfère abonner des vanités chez Satan. Mt. 7 :7-8
5. Christ lui donne la vérité pour ceinture, il l'échange contre un cordon de mensonge et d'hypocrisie. Ep.6 :14

III. Alors Christ ne veut plus souffrir de ses insultes.

Il menace de l'abandonner. Ap.2 : 5
S'il refuse de se repentir, Christ, la lumière du monde se retirera. Ap.2 :5

Conclusion

Eglise d'aujourd'hui, examinez-vous pour voir si Christ est au milieu de vos activités. Sinon, changez d'attitude.

Questions

1. D'après vous, qu'est ce qui peut détruire le respect et l'amour au foyer ? L'habitude

2. Qu'est-ce-que Christ a fait avant d'adresser ses reproches à Ephèse ?
   Il la félicite pour son œuvre, son travail, sa persévérance, sa fidélité et son endurance.

3. Quels étaient les reproches ?
   a. Un manque d'intérêt pour le mariage
   b. Un manque d'appréciation de ses bienfaits
   c. Une vie marquée par l'indifférence
   d. Une vie d'hypocrisie et de mensonge

4. Quelles étaient les menaces du Seigneur ?
   a. Il est disposé à briser les fiançailles.
   b. En tant que lumière, il va le priver de sa lumière.

5. Dans quel but a-t-il parlé ainsi ?
   Pour porter l'Eglise à se repentir

Leçon 3
Reproche 3 : Vous m'avez trompé par vos mauvaises fréquentations

Textes pour la préparation : Ex.20 :3-5 ; 1R.6 :12 ; Ps.1-6 ; 1Co.5 :11 ; 15 :33 ; Ju.23 ; Ap.2 :10
Texte à lire en classe : Ap.2 :12-17
Verset à mémoriser : Repens-toi donc ; sinon, je viendrai à toi bientôt, et je les combattrai avec l'épée de ma bouche. Ap.2 :16
Méthodes : Discours, comparaisons, questions
But : Exhorter les chrétiens à adopter une ligne de conduite.

Introduction

Beaucoup de mariages échouent à cause de la violation de certaines consignes. Quelles sont les recommandations de Jésus-Christ à l'Eglise ?

I. D'abord, qu'elle rompe toute relation avec Satan.

1. Ainsi elle doit avoir un seul cœur et un seul mot, c'est-à-dire qu'elle reste fidèle jusqu'à la mort. Ap.2 :10
2. L'Eternel disait à Israël *: « Je suis un Dieu jaloux. Tu n'auras pas d'autres dieux devant ma face. » Ex.20 :3*
   a. *Je te demande de vous abstenir des idoles, des images taillées pour ne pas m'irriter. Ex.20 : 4*
   b. *En revanche, je te demande d'observer mes lois ou Thora, mes ordonnances ou*

Lois cérémonielles, mes préceptes ou Edah et les 10 commandements. 1R.6 :12

II. Ensuite, qu'elle rompe toute relation intimes avec les dévoyés, les gens de mauvaises réputations. Ps.1 :1-3

1. Pourquoi ? C'est parce qu'avec eux, l'Eglise va progresser dans le mal. Au psaume premier nous lisons :
   a. Heureux celui qui **ne marche pas** selon le conseil des méchants,
   b. Qui **ne s'arrête pas** sur la voie des pécheurs,
   c. Et qui **ne s'assied pas** en compagnie des moqueurs, car les mauvaises compagnies corrompent les bonnes mœurs. Ps.1 :1 ; 1Co.15 :33

III. Enfin, **qu'elle s'écarte des faux frères**.

1. C'est pourquoi vous devez refuser l'invitation de manger avec eux, nous dit l'apôtre Paul. 1Co.5 : 11
2. Vous devez éviter de leur presser la main, nous dit Jude. Ju.23

Conclusion

Le vieil homme voudra toujours nourrir vos tendances naturelles. Regardez à Jésus sans distraction ; il vous préservera de tout mal.

Questions
D’où vient l’échec de certains mariages ? De la violation de certaines consignes.

1. Quelle est la première consigne à respecter ?
   La rupture de tout rapport avec le premier amant quel qu’il soit.

2. Quel était l’ordre de l’Eternel à Israël sous ce rapport ?
   a. Il n’aura pas d’autres dieux devant la face de Dieu.
   b. Il doit observer sa Parole.

3. Que dit-il des gens dévoyés ?
   Israël ne doit pas avoir de relations avec eux.

4. Pourquoi ?
   Parce qu’Israël va progresser dans le mal et oublier Dieu.

5. Qu’est-ce-qui est renforcé dans le Nouveau Testament ?
   a. On ne doit pas manger avec eux.
   b. On ne doit avoir avec eux aucune relation.

6. D’où viendra le conflit ?
   Dans notre vieil homme avec ses tendances naturelles.
7. Que faut-il pour le dominer ?
   Il faut regarder à Christ sans distraction

Leçon 4
Reproche 4 : Vous me trompez

Textes pour la préparation : Mt.13 : 24-30 ; 25 : 2-3 ; Ph.3 :17-21 ; 1 Pi.3 :7
Texte à lire en classe : Ph.3 :17-21
Verset à mémoriser : Car il en est plusieurs qui marchent en ennemis de la croix de Christ, je vous en ai souvent parlé, et j'en parle maintenant encore en pleurant. Ph.3 :18
Méthodes : Discours, comparaisons, questions
But : Montrer qu'on se trompe en voulant tromper le Seigneur

Introduction

Tous les invités avaient entendu les époux prononcer le serment conjugal pendant la cérémonie nuptiale. Satan en était témoin. Comment peut-on supposer une séparation du couple ?

I. Quand les époux avaient chacun son agenda.

1. Chacun se marie pour sauvegarder ses intérêts aux dépens de l'autre conjoint. Une fois satisfait, il change d'attitude.
2. Ainsi en est-il de certaines gens. Ils s'affilient à une assemblée sans jamais se donner au Seigneur. Ils se cachent derrière le rideau de la religion et persévèrent aussi longtemps que tout va bien. C'est de l'ivraie. Mt. 13 : 25-30

3. Cependant, une épreuve et une seule suffira pour prouver leur fausseté. Ils étaient animés d'un zèle amer. Ceux-là marchent en ennemi de la croix de Christ. Ils prennent toute épreuve pour une attaque à leur personne. Ph.3 : 18-19

II. Conséquences dans le mariage :

1. On veut maintenir sa promesse jusqu'à un certain point et non jusqu'à la mort. Es.26 :3
2. On piétine le mariage par les sévices, les injures graves, les menaces, la violence, les paroles blessantes ou la guerre froide avant d'arriver au divorce.

   Conséquences dans l'Eglise :

   a. Aborder certains frères et sœurs dans l'Eglise, pour quelle que soit la raison, est une véritable imprudence.
   b. Jésus les appelle « les vierges folles » Mt.25 : 2- 3
   c. Ils n'ont aucune envie d'aller au ciel.
   d. L'Eglise est le papier d'emballage pour couvrir toute hypocrisie et méchanceté et non un lieu d'adoration et de communion fraternelle. Ph.3 : 18-19
   e. Tromper Jésus-Christ, le mari fidèle, c'est se tromper soi-même.

Conclusion

Le temple ne mène personne au ciel. Jésus seul. Il tiendra sa promesse. Tenez aussi la vôtre.

Questions

1. Qui d'ordinaire assiste au mariage ?
   L'officiant, les époux, les témoins, les invités et les non invités.

2. Qui y sera toujours pour le détruire ? Satan.

3. Quel outil va-t-il utiliser pour cela ? Les projets que chaque conjoint garde l'un contre l'autre.

4. Comment reconnaitre le chrétien qui cache ses intentions à Christ ?
   a. Il se cache dans une religion mais ne donne jamais son cœur au Seigneur.
   b. Un rien peut le porter à abandonner.
   c. Il marche en ennemi de la croix de Christ.

5. Vrai ou faux
   a. Dès qu'on porte un anneau au doigt, on est marié. __ V __ F
   b. Dès que je lis ma Bible et que je sais prier à haute voix, je suis un grand chrétien. __V __F
   c. Je ne peux avouer tous mes secrets à mon mari. __ V __ F
   d. S'il me découvre, je lui dirai qu'il le savait déjà. __ V __ F

Leçon 5

Reproche 5 : Vous êtes trop froid

Textes pour la préparation : Ex.14 :14 ; Ps.34 : 2 ; Mt.6 : 31 ; 24 :13 ; Ph.1 : 19-26
Texte à lire en classe : Ph.1 :19-26
Verset à mémoriser : Car Christ est ma vie et la mort m'est un gain. Ph.1 :21
Méthodes : Discours, comparaisons, questions.
But : Aider l'Eglise à renoncer à la routine

Introduction

Y a-t-il une différence entre le fiancé et l'époux ? Réservez votre réponse. Comment expliquer la différence de comportement entre les amoureux et les mariés ?

I. Voyons l'attitude des amants :

1. Quant au jeune homme,
   Il fait des promesses à son amante. Il est prêt à tout pour plaire à la jeune fille.
2. Quant à la jeune fille :
   Elle écoute son amant en silence. Elle sourit et se tait. Au départ de l'amant, elle commence à ruminer une à une ses promesses et ses douces paroles. Elle chérit tous les cadeaux et savoure par la pensée les baisers mouillés de l'amoureux.

a. Le temps passe vite pour les deux. On a hâte de se rencontrer à nouveau.
b. Entre temps, les deux ont des visions paradisiaques en attendant le jour **J** de leurs noces.
c. Cette attitude subsiste jusqu'au moment où une épreuve va transporter le mariage dans la salle d'examen.

II. Comment mesurer votre fidélité au Seigneur ?

1. Quand vous gardez la foi au milieu des manquements. Mt. 6 : 31
2. Quand vous gardez le sang-froid au milieu du danger. Ex. 14 :14
3. Quand vous louez le Seigneur dans l'adversité. Ps. 34 : 2
4. Quand vous êtes fidèle à votre poste en dépit de tout. Mt.24 : 13
5. Quand vous n'hésitez pas à tout sacrifier pour la cause du Seigneur. Ph.1 :21
   Voilà l'exemple d'une fiancée fidèle.

III. Un fait palpable et regrettable

Pour certains chrétiens, le ciel n'est pas leur priorité. Ils sont hélas ! trop froids. Ph.3 :18

Conclusion

Réveillez-vous ! Soyez fidèle ! Le Seigneur le sera toujours.

Questions

1. Quelle est d'ordinaire le comportement de l'amant avant le mariage ? Il fait des promesses à sa fiancée et fait aussi tout pour lui plaire.

2. Quelle est d'ordinaire le comportement de l'amante avant le mariage ?
   Elle écoute en silence les belles paroles de son amant et les garde en son cœur.

3. Comment prouver la fidélité du chrétien avant son mariage avec Jésus-Christ ?
   a. Par le maintien de la foi au milieu des manquements.
   b. Par le sang-froid observé milieu du danger
   c. Par sa louange au Seigneur dans l'adversité
   d. Par son esprit de sacrifice pour la cause du Seigneur.

4. Où aura lieu le mariage de Jésus-Christ avec son Eglise ? Dans la Jérusalem d'en haut

Leçon 6
Reproche 6 : Votre foi en moi a diminué

Textes pour la préparation : Ps.139 : 23-24 ; Mt.4 :10 ; Ro.2 :24 ; 8 :31-39 ; Ga. 2 :20 ; Ph.1 :21 ; Col.3 :15 ; 2Pi.3 :17 ; Ap.21 :4
Texte à lire en classe : Ga.2 :20-21
Verset à mémoriser : J'ai été crucifié avec Christ ; et si je vis, ce n'est plus moi qui vis, c'est Christ qui vit en moi ; si je vis maintenant dans la chair, je vis dans la foi au Fils de Dieu, qui m'a aimé et qui s'est livré lui-même pour moi. Ga. 2 :20
Méthodes : Discours, comparaisons, questions
But : Porter les chrétiens à renouveler leur serment de fidélité envers le Seigneur.

Introduction
Le serment de fidélité est l'engagement le plus fort qui soit pour unir deux cœurs dans le mariage. Il doit être réciproque et sans équivoque. Qu'est-ce qu'il implique ?

I. Il implique que votre choix est définitif
1. Il s'arrête sur une seule personne à laquelle vous faites le vœu de vous attacher sans condition.
2. Il signifie votre volonté de respecter son nom par votre façon d'agir. Ro.2 :24
3. Il signifie que malgré vos mauvaises inclinations, vous resterez fidèle à votre serment. Ro. 8 : 35, 38-39

II. Il implique que Christ peut vérifier votre fidélité. Il signifie que, si votre amant veut éprouver votre fidélité en vous exposant à un autre prétendant, vous ne trahirez jamais votre engagement. Ps.139 : 23-24

1. Puisque Christ est pour vous, vous devez être à lui et à lui seul. Mt.4 : 10 ; Ro. 8 :31
2. Puisqu'il vous a choisi malgré votre indignité, vous devez en être reconnaissant. Col.3 :15
3. Puisqu'il vous a sauvé de la mort, vous lui devez la vie. Ga.2 :20 ; Ph.1 :21
4. Puisqu'il vous réserve à ses côtés une place dans le ciel, vous devez rester sur vos gardes de peur qu'entrainés par l'égarement des impies, vous ne veniez à déchoir de votre fermeté. 2Pi. 3 :17
5. Puisqu'il promet d'essuyer toutes larmes de vos yeux, attendez son retour avec foi. Ap. 21 : 4

Vous devez vous écrier maintenant : « Qui me séparera de l'amour de Christ ». Rien. Oui. Rien Ro. 8 :35-39

Conclusion

Dieu vous éprouve non pas pour mériter le ciel, mais pour vous empêcher d'aller en enfer. Coopérez.

Questions

1. Quel est l'engagement le plus fort dans les liens du mariage ? Le serment de fidélité.

2. Qu'est-ce-qu'il implique ?
   a. Que votre choix est définitif
   b. Que Christ peut vérifier votre fidélité.

3. Qu'entendons-nous par choix définitif ?
   a. Il signifie votre détermination invariable d'être à une seule personne.
   b. Il signifie votre volonté de respecter son nom par votre façon d'agir.
   c. Il signifie que personne ne pourra fléchir votre décision.

Leçon 7
Reproche 7 : Votre fidélité est mise en question

Textes pour la préparation : De. 10 :18-22 ; Ps.41 : 1 ; 77 :7 ; Ecc.4 :17 ; 5 :1 ; Da.5 : 1-7 ; Mt.6 :6 ; Lu.16 :1-12 ; Jn.2 :4 ; Ro.5 :6 ; 2Co.9 :7 ; Ep.5 :16 ; 1Ti. 2 : 9-10 ; 5 :8 ; 1Jn.3 :17 ; 4 :20
Versets à lire en classe : Lu.16 :1-10
Verset à mémoriser : Celui qui est fidèle dans les moindres choses l'est aussi dans les grandes, et celui qui est injuste dans les moindres choses l'est aussi dans les grandes. Lu. 16 :10
But : Mettre emphase sur la gérance chrétienne

Introduction
La vie quotidienne est chargée de cas dans lesquels Christ nous éprouve. Quels sont ces cas ?
I. D'abord, le respect de l'heure :
  a. Christ fait tout à son heure. Jn.2 : 4
     C'est d'ailleurs le secret des grands conquérants.
     Au temps marqué, Christ est mort pour les impies. Ro. 5 :6
  b. Paul nous exhorte à racheter le temps. Ep.5 :16

II. Ensuite, la bonne gérance des biens de l'Eglise.
Dieu peut vous blâmer pour leur mauvais usage. Il détrôna le roi Belschatsar pour avoir profané ses vases. Da. 5 : 1-7

III. La gérance de notre famille :

Nous devons éduquer nos enfants non par des paroles mais par des exemples. Ainsi :

1. On doit être ponctuel.
2. On se tait dans le sanctuaire. Ecc. 4 :17 ; 5 :1
3. On verse avec joie ses dimes et ses offrandes dans l'Eglise et non dans son groupe. 2Co.9 :7
4. On s'habille avec décence. 1Ti.2 :9-10

IV. Dans le culte de famille

1. On le pratique chaque jour. La Bible doit être lue et méditée et chacun doit prier. 1Ti.5 :8
2. Si vous vous réveillez la nuit, vous devez continuer votre adoration et remercier Dieu pour sa protection jusqu'ici. Ps.77 :7

V. Dans la gérance de vos biens

a. On respecte la portion des nécessiteux, des immigrants, des veuves et des orphelins. De. 10 : 18-22 ; Ps.41 :1 ; 1Jn.3 :17

b. Ecoutez l'apôtre Jean : « Si vous n'aimez pas les frères que vous voyez, comment prétendez-vous aimer le Christ que vous ne voyez pas ? 1Jn.4 :20

Conclusion

Acceptez ce stage car Dieu vous réserve une promotion.

Questions

1. Quelles sont d'ordinaire, les choses courantes dans lesquelles Christ nous éprouvent ?
   a. Dans le respect de l'heure
   b. Dans la bonne gérance des biens de l'Eglise

c. Dans la gérance de notre famille
d. Dans le culte de famille
e. Dans la gérance de nos biens

2. Quel est le point commun aux peuples conquérants ? Le respect de l'heure
3. Quel exemple nous donne le Christ à ce sujet ? Il fait tout à son heure.
4. Pourquoi l'Eternel a-t-il détrôné le roi Belschatsar ?
   Parce qu'il a souillé les ustensiles sacrés de l'Eternel
5. Quelle est la meilleure façon d'éduquer ses enfants ?
   Il faut les éduquer par des exemples.
6. Donnez-nous en trois
   a. On se tait à l'Eglise.
   b. On remet ses offrandes et sa dime avec joie.
   c. On s'habille avec décence.
   d. On manifeste de la persévérance dans la prière.
7. Sur quoi doit-on mettre l'accent dans le culte de famille ?
   a. Sur la manière de gérer ses biens
   b. Sur l'aide aux nécessiteux, aux veuves, aux orphelins et aux immigrants

Leçon 8
Reproche 8 Votre zèle est refroidi

Textes pour la préparation : Ro.12 : 9-16
Texte à lire en classe : Ro.12 :9-16
Verset à mémoriser : Ayez du zèle, et non de la paresse. Soyez fervents d'esprit. Servez le Seigneur. Ro.12 :11
Méthodes : Discours, comparaisons, questions
But : Encourager nos frères à pratiquer la vie chrétienne sous la direction du Saint Esprit.

Introduction
Tout amant loyal donne la priorité à son partenaire dans son agenda. Ainsi doit-il en être pour le chrétien par rapport à Jésus-Christ

I. Quel doit être son comportement dans la famille chrétienne ? Il doit agir :

1. Avec un amour sans hypocrisie. Ro.12 : 9
2. Avec l'horreur du mal. Ro. 12 : 9
3. Avec un cœur généreux et hospitalier envers les frères et les sœurs dans la foi. Ro. 12 : 10, 13
4. Avec zèle dans les affaires de Dieu. Ro. 12 :11

II. Quel doit être son comportement dans sa vie personnelle ?

1. Il bénit ceux qui le persécutent parce que c'est une opportunité pour lui de prier

davantage et d'améliorer sa conduite. Ro.12 : 14

2. Il prend un temps pour se réjouir avec ses frères dans leur mariage ou les festivités de famille. Ro.12 : 15
3. Il est avec eux dans leurs moments d'épreuves ou de deuil. Ro.12 : 15

   En cultivant ces sentiments,

   a. Il fortifie les liens fraternels et élimine tout esprit de discrimination. Ro.12 : 16
   b. Les chrétiens seront plus disposés à l'assister à son tour. Ro.12 :16
   c. Il développera ses expériences chrétiennes en apprenant des autres comment Jésus les traite. Ro.12 : 16

III. D'où vient tout cela ?

De sa vie de dévotion. Nul ne peut vraiment aimer ses frères s'il ne mène une vie de relation intime avec Christ. Et ce pas de géant est seulement possible que grâce à la soumission au Saint-Esprit. Ga.2 :20

Conclusion

Mais pour intensifier la flamme de l'amour pour Christ, il vous faudra rechercher la compagnie des chrétiens. A quel point en êtes-vous ?

Questions

1. Quelle devrait être la priorité d'un amant loyal ? Son partenaire.

2. Comment un chrétien doit-il se comporter au sein de sa famille ?
   a. Son amour doit être sans hypocrisie.
   b. Il doit avoir le mal en horreur.
   c. Il est généreux et hospitalier.
   d. Il fait tout pour Christ avec zèle.

3. Comment se comporte-t-il dans sa vie personnelle ?
   a. Il bénit ses persécuteurs.
   b. Il partage les joies et les peines de ses frères.

4. Quelle en est la raison ?
   a. Pour fortifier les liens fraternels
   b. Pour combattre la discrimination
   c. Pour que l'autre soit mieux disposé à vous assister à votre tour.

5. Quelle est la condition pour aimer ses frères ? Si on mène une relation intime avec Christ.

Leçon 9
Reproche 9 : Votre vision est égocentrique

Textes pour la préparation : Ps.34 :8 ; 40 :6 ; Lu.5 :20 ; Jn. 4 :35 ; 13 :33-35 ; 20 :21 ; Ro.5 :8 ; 10 :9 ; 1Co.13 :4 ; Ph.4 :6 ; He.10 :31 ; 12 :29 ; 1Jn.1 :9 ; Ap.21 :27
Texte à lire en classe : Jn.13 :33-35
Verset à mémoriser : A ceci tous connaîtront que vous êtes mes disciples, si vous avez de l'amour les uns pour les autres. Jn.13 :35
Méthodes : Discours, comparaisons, questions
But : Aider nos frères à être conscients de l'amour et de la miséricorde de notre Sauveur.

Introduction

Tout amant avisé se garde de brider son amante dans sa manière d'exprimer l'amour. Mais l'amante a-t-elle pour autant le droit d'abuser de l'amabilité de son amant ?

I. Comment Jésus vous aime-t-il ?

1. Il vous aime d'un amour tolérant : il excuse tout. Votre faute ne l'étonne pas. Il est même prêt à tout pardonner sans discussion. Lu.5 :20
2. Il vous aime d'un amour patient en attendant le jour de votre repentance. 1Co.13 :4

II. Comment devez-vous l'aimer ?

1. En considérant son sacrifice pour vous sauver en vue de vous garantir la vie éternelle. Ro. 5 :8
2. En le glorifiant pour les réponses à vos prières. Ph.4 :6
3. En considérant le pardon qu'il vous accorde pour chacune de vos fautes. 1Jn.1 :9
4. En appréciant toutes ses interventions dans votre vie quand vous êtes en danger. Ps.34 :8

1. En appréciant sa miséricorde quand il décide de vous faire du bien sans même que vous vous en rendiez compte. Ps.40 :6

III. Qu'est-ce-que Dieu attend de vous ?

1. Un sincère repentir. Car rien de souillé n'entrera dans le royaume du Fils et de Dieu. Ap.21 : 27
2. Un témoignage sur vos progrès dans votre vie spirituelle. Ro.10 :9
3. Une vie de service désintéressé. Vous allez vous dévouer pour sauver les autres comme il vous a sauvé. Jn.20 :21

   Vous devez donc rejeter votre vision égocentrique pour voir les champs qui blanchissent pour la moisson des âmes. Jn.4 :35

Conclusion

Cet amant patient et doux est aussi un feu dévorant. He.12 :29

Veuillez pour ne pas tomber sous le coup de son jugement. He.10 :31

Questions

1. Comment doit se comporter un amant vers son partenaire ? Il doit la laisser libre d'exprimer son amour.
2. Qu'est-ce-qui reste intolérable dans leur relation ?
   Quand l'amante prend la patience de l'amant pour de la faiblesse.
3. Comment Jésus nous aime-t-il ?
   Il excuse tout. Il supporte tout.
4. Dans quel but ? Pour nous donner le temps de nous repentir.
5. Comment devons-nous l'aimer ?
   a. En appréciant son sacrifice pour nous sauver et pour le pardon de nos péchés.
   b. En le glorifiant pour les réponses à nos prières
   c. En le glorifiant pour sa divine protection.
6. Qu'est-ce qu'il attend de nous ?
   Notre repentir, notre sanctification et une vie de service sincère.
7. Que faut-il absolument retenir de Jésus-Christ ?
   Qu'Il est amour et patient mais qu'il est aussi un feu dévorant

Leçon 10
Reproche 10 : Votre tiédeur est remarquable

Textes pour la préparation : Ps.33 :9 ; 46 :1 ; 62 :10-11 ; Es. 26 :3 ; Jer.23 : 25-29 ; Os.4 :11 ; Mt. 18 :20 ; 28 :20 ; Jn.14 : 14 ; 2Co.4 :3-4 ; Ph.4 :19 ; 2Ti.4 :3-4
Texte à lire en classe : Ap.3 :14-22
Verset à mémoriser : Quand les richesses s'accroissent, n'y attachez pas votre cœur. Ps.62 :10b

Introduction
Le Seigneur a reproché la tiédeur répugnante de l'Eglise de Laodicée. A-t-il raison de parler ainsi ? En ce cas, mettez-vous à sa place :

I. Voyez un amant soucieux du bien-être de son amante.

1. Il a du temps pour elle.
2. Il pourvoit à tous ses besoins.
3. Il accomplit toutes ses promesses.
4. Il lui donne une carte de crédit substantielle pour couvrir toutes les dépenses imprévues.
5. Si elle doit voyager, il lui donne une référence sûre pour tous les besoins imaginables.

II. Jésus est le fiancé de l'Eglise et comme tel :

1. Il est avec elle tous les jours. Mt.18 :20 ; 28 : 20
2. Il pourvoit à tous ses besoins selon la richesse de sa grâce. Ph.4 :19

3. Il est fidèle à sa parole et ne nous fausse jamais compagnie surtout dans les heures de détresse. Ps.33 :9 ; 46 :1
4. **Son nom est notre Carte de crédit illimité** pour toutes les circonstances. Jn.14 :14

III. D'où peut venir l'indifférence d'un chrétien ?

a. L'opulence matérielle peut déformer sa vision spirituelle. Ps.62 :11b ; Ose.4 :11
b. Il peut être en quête d'activités sensationnelles et superficielles pour satisfaire les désirs de la chair. 2Ti.4 :3-4
c. Le dieu de ce siècle peut aveugler son intelligence. 2Co.4 :3-4
d. Il se peut qu'il écoute les songes et les visions des hommes tarés au lieu de méditer la parole de Dieu. Je. 23 :25-29
   Voilà l'origine probable de sa tiédeur.

Conclusion

Le Seigneur Jésus reconnait comme ses associés les gens qui sont fermes dans leur sentiment. Es.26 :3 Faites votre choix.

Questions

1. Comment caractériser un parfait amant ?
   a. Il consacre du temps pour son amante.
   b. Il s'inquiète de ses besoins.
   c. Il respecte sa parole.
   d. Il lui évite les soucis financiers.

2. Comment Jésus se comporte-il comme le fiancé de l'Eglise ?
   a. Il est avec elle tous les jours.
   b. Il pourvoit gracieusement à ses besoins.
   c. Il est fidèle à ses promesses.
   d. Il donne de la sécurité à l'Eglise.

3. Qu'est-ce qui peut occasionner la tiédeur d'un chrétien ?
   a. L'opulence matérielle
   b. La recherche d'activités sensationnelles pour satisfaire les désirs de la chair.
   c. L'amour de l'argent, le dieu de ce siècle
   d. L'attention trop soutenue aux songes.

4. Vrai ou faux
   a. La tiédeur est un signe de maitrise. __ V__ F
   b. La tiédeur est un signe d'indifférence. _V _ F
   c. Pour prouver que Jésus m'aime, il me donne des biens matériels. __ V __ F
   d. Le chrétien bruyant n'est pas tiède. __V __ F

Leçon 11
Avertissement : Je viens bientôt

Textes pour la préparation : Zach.14 :4 ; Mt.24 : 27, 51 ; Jn.14 :3 ; Ac.1 :11 ; 1Th. 4 : 16-17 ; 2Pi.3 :4-7 ; Ap.2 :16-23 ; 20 :6 ; 22 : 12
Texte à lire en classe : 1Th.4 :13-18
Verset à mémoriser : Voici, je viens bientôt, et ma rétribution est avec moi, pour rendre à chacun selon ce qu'est son œuvre. Ap.22 :12
Méthodes : Discours, comparaisons, questions
But : Avertir les chrétiens de mettre à jour leur vie spirituelle.
Introduction
« Je viens bientôt » est un avertissement solennel par lequel le Seigneur invite tous les hommes à se préparer pour la fin.
I. Les implications de cet avertissement.

1. C'est un rappel aux chrétiens : Jésus revient. Les anges le confirment : Il reviendra de la même manière, c'est-à-dire « visible, tangible et dans le même corps. » Ac.1 :11
2. C'est une occasion de joie pour tous les fidèles serviteurs du Seigneur. Il reviendra pour récompenser chacun selon ses œuvres. Ap.2 :23b
3. C'est un préavis à tous ceux qui oublient ou ignorent que le Seigneur était venu et qu'il va revenir. Jn.14 :3
4. C'est un préavis pour ceux qui oublient que les gens du temps de Noé périrent par le Déluge

Universel, que la terre d'à présent est réservée pour le feu, que le jugement et la ruine attendent les hommes impies. 2Pi.3 : 4-7

4. C'est une occasion de panique pour eux. Leur sort est arrêté. Mt.24 :51 ; Ap.20 : 6

II. La distinction entre l'enlèvement de l'Eglise et le Retour de Jésus-Christ

1. L'avènement de Jésus-Christ c'est l'enlèvement de l'Eglise.
   a. Ce sera un évènement brusque. Comme l'éclair part de l'Orient à l'Occident, ainsi sera l'avènement d Fils de l'Homme. Mt.24 :27
   b. Il ne mettra point les pieds sur terre. L'Eglise ira à sa rencontre dans les airs. 1Th.4 :16-17
2. Son retour ou la parousie viendra après l'enlèvement de l'Eglise et après la grande tribulation.
   a. Jésus alors posera les pieds sur le mont des Oliviers. Zach.14 :4
   b. Il viendra pour le jugement des impénitents qui vont connaitre la seconde mort. Ap. 20 : 6

Conclusion

Gare aux surprises !

Questions

1. Quel est le message ultime de Christ aux hommes ? Je viens bientôt.

2. Quelles sont les implications de cet avertissement ?
   a. C'est un rappel aux chrétiens à la vigilance.
   b. C'est pour eux tous une occasion de joie.
   c. C'est un préavis et une occasion de panique pour les négligents et les insouciants.
3. Quelle est la différence entre l'enlèvement de l'Eglise et le Retour de Jésus-Christ ?
   a. L'avènement de Jésus-Christ ou enlèvement de l'Eglise sera un événement soudain. Jésus ne mettra pas les pieds sur terre.
   b. L'Eglise ira à sa rencontre dans les airs.
   c. Le Retour de Jésus-Christ viendra après la grande Tribulation.
   d. Il posera les pieds sur le Mont des oliviers.
   e. Il viendra pour le jugement des impénitents.
4. Trouvez la vraie réponse
   a. Jésus reviendra un dimanche de pâque.
   b. Jésus est déjà venu.
   c. Jésus ne viendra pas de manière à frapper les regards.
   d. Jésus ne reviendra jamais.
5. Trouvez la meilleure réponse
   a. La fin du monde est partielle et progressive à la mort de chacun.
   b. La fin du monde est globale et viendra avant le dernier jugement.
   c. La fin du monde est une illusion.

Leçon 12
Message d'espoir : Ce que j'attends de vous

Textes pour la préparation : Lu.13 : 1-5 ; Ap.2 :1-7
Texte à lire en classe : Ap.2 : 1-7
Verset à mémoriser : Non, je vous le dis. Mais si vous ne vous repentez pas, vous périrez tous également. Lu.13 :5
Méthodes : Discours, comparaisons, questions
But : Amener les chrétiens à changer de conduite

Introduction
Un Dieu lent à la colère, riche en bonté et en fidélité s'appelle aussi un « feu dévorant... Sous quel aspect voulez-vous le connaitre ? Cela dépend de la manière dont vous digérez sa Parole.

I. Voyons ses dispositions encourageantes :

1. Il rend son pardon et sa grâce accessibles à tout le monde. Mt.11 :28-29
2. Il lance une invitation générale à tous, juifs et païens de venir à lui quelle que soit leur condition. Mt.11 :28
   1. Il attend de chacun un examen de conscience en vue d'une repentance sincère. « Souviens-toi d'où tu es tombé, repens-toi». Ap.2 : 5
   2. Il attend de chacun un changement d'attitude. « Pratique tes premières œuvres ». Ap.2 :5

3. Il vous fait une promesse alléchante : Il vous accordera la vie éternelle. Ap.2 :7

Dieu ne change pas son plan. C'est à vous de vous y conformer. N'est-ce-pas du moins une note très encourageante ?

II. Disposition punitive

1. Si, malgré tout, vous continuez à vous rebeller, Il « ôtera votre chandelier de sa place », c'est-à-dire que le Saint-Esprit vous dira : « Au revoir ». Ap.2 : 5
2. Automatiquement, vous devenez vulnérable par la puissance du malin. 1Jn. 5 :19
3. Votre cœur sera endurci et votre âme sera en révolte contre le message de la Parole de Dieu. 2Ti.4 : 3-4
4. Votre seconde mort ou la séparation éternelle d'avec Dieu sera alors confirmée. Ap.29 :14-15

Conclusion

Un homme averti en vaut deux. Combien en valez-vous ?

Questions

1. Quel est le caractère de Père que manifeste notre Dieu ? Il est lent à la colère, riche en bonté et en fidélité. Il est aussi un feu dévorant.

2. Comment nous encourage-t-il ?
Il nous accorde les moyens de retrouver sa grâce et son pardon ?

3. Qu'est-ce qu'il nous propose ?
   a. De nous souvenir d'où nous sommes tombés
   b. De pratiquer nos premières œuvres
   c. De ne pas perdre de vue la vie éternelle

4. Dans le cas contraire, que fera-t-il ?
   a. Il ôtera notre chandelier de sa place.
   b. Nous serons livrés à la merci de Satan.

5. Vrai ou faux
   a. Jésus revient la semaine prochaine. _ V _ F
   b. Jésus ne reviendra jamais. __V __F
   c. Jésus apparaitra dans les airs. __ V __ F
   d. Jésus reviendra à la Maison Blanche _V__ F
   e. Jésus reviendra subitement. __ V __ F
   f. Tout le monde le verra. __ V __ F

Récapitulation des versets

1. Souviens-toi donc d'où tu es tombé, repens-toi, et pratique tes premières œuvres. Ap.2 :5a
2. Souviens-toi donc d'où tu es tombé, repens-toi, et pratique tes premières œuvres ; sinon, je viendrai à toi, et j'ôterai ton chandelier de sa place, à moins que tu ne te repentes. Ap.2 :5
3. Repens-toi donc ; sinon, je viendrai à toi bientôt, et je les combattrai avec l'épée de ma bouche. Ap.2 :16
4. Car il en est plusieurs qui marchent en ennemis de la croix de Christ, je vous en ai souvent parlé, et j'en parle maintenant encore en pleurant. Ph.3 :18
5. Car Christ est ma vie, et la mort m'est un gain. Ph.1 :21
6. J'ai été crucifié avec Christ ; et si je vis, ce n'est plus moi qui vis, c'est Christ qui vit en moi.

   Ga.2 :20 a
7. Celui qui est fidèle dans les moindres choses l'est aussi dans les grandes, et celui qui est injuste dans les moindres choses l'est aussi dans les grandes.

8. Ayez du zèle, et non de la paresse. Soyez fervents d'esprit. Servez le Seigneur.

9. A ceci tous connaîtront que vous êtes mes disciples, si vous avez de l'amour les uns pour les autres.

10. Quand les richesses s'accroissent, N'y attachez pas votre cœur. Ps.62 :10b

11. Voici, je viens bientôt, et ma rétribution est avec moi, pour rendre à chacun selon ce qu'est son œuvre.

12. Non, je vous le dis. Mais si vous ne vous repentez, vous périrez tous également.

Torche Envoûtante

Volume 18 - Série 4

Jésus, moi et mon argent

Avant-propos

Dans la préface de son livre « La Dame aux Camélias », Alexandre Dumas fils a déclaré « L'argent, un bon serviteur, mais un mauvais maitre. » Voulez-vous être son maitre ou son esclave ? Cela dépend de qui vous le détenez, des conditions pour l'avoir, de l'usage que vous voulez en faire et de la disposition de votre cœur. Décidez-vous.

Pasteur Renaut Pierre-Louis

Leçon 1
La générosité, une vertu du cœur

Textes pour la préparation : Mt. 5 :7 ; 6 :21 ; 25 : 40 ; Lu. 6 :30-38 ; 10 : 35-37 ; Jn.3 :16 ; 10 : 9-10, 28 ; Ro.5 :1 ; 14 :17 ; 1Co.15 :57 ; Ph.3 : 7-8 ; Ja.1 :17
Texte à lire en classe : Lu. 6 :30-38
Verset à mémoriser : Donnez, et il vous sera donné: on versera dans votre sein une bonne mesure, serrée, secouée et qui déborde; car on vous mesurera avec la mesure dont vous vous serez servis. Lu.6 : 38
Méthodes : Discours, comparaisons, questions
But : Montrer que la disposition de donner ne peut venir que du cœur.

Introduction

Si la bouche **parle de** l'abondance du cœur, la main **donne** de la générosité du cœur. D'où cela vient-il ?

I. La générosité vient de Dieu

On imite Dieu qui donne par amour.
Jn.3 :16 ; Lu.10 :37
Sa générosité va jusqu'au sacrifice. Jn.3 :16

1. On donne au prochain par amour pour Dieu sans pour autant espérer la réciprocité. Lu.6 :35
2. Plus on apprécie le salut en Christ, plus on est disposé à servir Dieu partout, à travers le prochain et dans l'Eglise. Mt.25 : 40

II. Elle vient de notre reconnaissance envers Dieu

1. Dieu nous donne toute grâce excellente et tout don parfait en Jésus-Christ. Ja.1 :17
   Et nous citons :
   a. La paix éternelle avec Dieu. Ro. 5 :1
   b. La joie éternelle par le Saint-Esprit. Ro.14 :17
   c. La sécurité éternelle avec Christ. Jn.10 :28
   d. La victoire sur la mort et la puissance du péché. 1Co.15 :57
2. En retour, nous témoignons
   a. Par notre bouche que Christ est le seul auteur de notre salut. Ro.10 :9-10
   b. Nous proclamons ses bienfaits pour encourager les autres à chercher ce Dieu qui nous donne tout en abondance. Jn.10 :10

III. Elle vient de notre mépris pour les choses de la terre.

1. Nous les regardons comme de la boue à cause de l'excellence de la connaissance de Jesus-Christ.Ph.3 : 7-8
2. Au ciel est notre trésor. Au ciel est notre cœur. Mt. 6 :21 ; Col. 3 :1

Conclusion

Dieu est miséricordieux envers les cœurs généreux Soyez généreux. Mt.5 :7

Questions

1. Définissez la générosité. C'est une vertu du cœur.

2. Quelle est son origine ?
   a. Elle vient de Dieu.
   b. Elle vient de notre reconnaissance envers Dieu.
   c. Elle vient de notre mépris pour les choses de la terre.

3. Comme s'exprime la générosité de Dieu ?
   Par l'amour allant jusqu'au sacrifice.

4. Comment pouvons-nous refléter cette générosité ? Dans le service envers nos prochains sans rien espérer en retour.

5. Citez au moins trois actes de générosité de Dieu :
   Il nous donne gratuitement la paix, la joie, la sécurité éternelles.

6. Que devons-nous témoigner en retour ?
   1. Nous devons témoigner que Christ est le seul auteur de notre salut.
   2. Nous devons proclamer ses bienfaits devant les hommes.

Leçon 2
La générosité, une réaction au matérialisme

Textes pour la préparation : Lu.12 :19-21 ; 16 :24 ; 1Ti. 4 :10 ; 6 :6-19 ; Ja.1 :10 ;
Texte pour la classe : 1Ti.6 : 17-19
Verset à mémoriser : Car nous n'avons rien apporté dans le monde, et il est évident que nous n'en pouvons rien emporter. 1Ti.6 :7
Méthodes : Discours, comparaisons, questions
But : Montrer comment on doit être sage dans l'utilisation des biens temporels.

Introduction

L'une des maladies de la richesse est la peur de la faillite et pour l'éviter, certains ont passé toute leur vie à gagner à tout prix. Faut-il vénérer son argent pour être heureux ? Et qui peut en prouver le contraire aux gens riches ?

I. Ecoutez ce que leur prescrit la Bible :

1. Que les riches ne s'enflent pas d'orgueil. Ja.1 :10
2. Qu'ils ne mettent pas leur confiance dans les richesses incertaines. 1Ti.6 :16-17
3. Qu'ils mettent leur espérance dans le Dieu vivant. 1Ti. 4 :10 ;
4. Qu'ils soient riches en bonnes œuvres, qu'ils exercent la libéralité et la générosité. 1Ti.6 : 18

II. **Pourquoi ces exhortations** ?

1. C'est parce ce qu'être riche est un privilège : il éloigne de nous le besoin. Lu.12 : 19a
2. Mais être riche est aussi une responsabilité :
   a. Tout ce que vous avez de trop est une indication à partager avec ceux qui n'ont rien. Lu. 12 :21
   b. Dieu vous recommande de faire du bien, d'être riche en bonnes œuvres, d'avoir de la libéralité, de la générosité. Ces bonnes œuvres constituent une réserve à votre compte d'épargne dans le ciel. 1Ti. 6 : 18-19
   c. Le même Dieu qui vous rend riche aujourd'hui est capable de renverser les rôles et vous appauvrir en moins de vingt-quatre heures. Lu. 12 : 19-20
   d. Dans l'autre monde, le sort du pauvre Lazare est préférable à celui de l'homme riche. Lu.16 : 24

Conclusion

De toutes choses, nous avons le droit d'usage et de jouissance. Dieu seul a le droit d'aliénation. Soyons sages dans la gérance de nos biens.

Questions

1. Quelle est la maladie provoquée par la richesse ? La peur de la faillite.

2. Quelles sont les prescriptions de la bible aux riches?
   a. Que le riche ne s'enfle pas d'orgueil
   b. Qu'il ne mette pas la confiance dans les richesses.
   c. Qu'il mette leur espérance dans le Dieu vivant
   d. Qu'il exerce la libéralité.

3. Pourquoi ces prescriptions ?
   a. C'est parce qu'être riche est un privilège.
   b. C'est aussi une responsabilité.
   c. On doit partager ce qu'on a avec les autres.
   d. On doit savoir que le Dieu qui donne la richesse aujourd'hui, peut vous appauvrir demain.
   e. On doit enfin savoir que les sorts sont départagés une minute après la mort.

4. Au fait, qui est le propriétaire absolu de tous les biens de la terre ? Dieu seul

5. Quels en sont nos droits ? Le droit d'usage et de jouissance.

Leçon 3
Le secret des âmes généreuses

Textes pour la préparation : Es.53 : 3-4 ; Lu. 2 : 7-15 ; 5 :3 ; 19 :29-31 ; 22 : 7-13 ; Jn. 1 :29 ; 6 : 7; 14 :30 ; 19 :38-42 ; Ac.1 :11 ; 1Ti.6 :6-10
Texte à lire en classe : 1Ti.6 :6-10
Verset à mémoriser : Mais ceux qui veulent s'enrichir tombent dans la tentation, dans le piège, et dans beaucoup de désirs insensés et pernicieux qui plongent les hommes dans la ruine et la perdition. 1Ti. 6 : 9
Méthodes : Discours, comparaisons, questions
But : Instruire les autres à partir de nos mauvaises expériences

Introduction
La souffrance est le centre de formation pour la plupart des gens généreux. Qu'en ont-ils appris ?

I. Les gens généreux ont appris à être sobres.

1. Ils vivent dans les limites de leurs moyens.
2. Ils comprennent ceux qui vivent dans la gêne.
3. Ils savent éviter l'extravagance. 1Ti. 6 : 6-10

    a. Jésus par exemple, était né dans une étable. Il n'en était pas moins Fils de Dieu. Lu.2 : 12
    b. Quoiqu'il se fût dépouillé de sa gloire, les anges vinrent en nombre pour l'exalter. Lu.2 :13-15

2. Il n'a rien possédé sur cette planète.
   On lui a prêté

a. Une crèche pour berceau. Lu.2 :7
b. Cinq pains et deux poissons pour nourrir la foule. Jn.6 : 7
c. Un canot pour tribune. Lu.5 :3
d. Un âne pour son transport. Lu.19 : 29-31
e. Un salon pour célébrer la cène. Lu.22 :7-13
f. Un tombeau pour l'enterrer. Jn.19 :38-42
Il demeure néanmoins Roi des rois, Seigneur des seigneurs et le Sauveur du monde. Jn.1 :29

II. Les gens généreux sont compatissants

1. Ils se gardent des désirs insensés qui plongent les hommes dans la ruine et la perdition. 1Ti.6 : 9
2. Ainsi, ils peuvent comprendre ceux qui sont maltraités et humiliés. Jésus en est un exemple. Es.53 :3-4
   a. Il était l'exemple de la sainteté. Jn.14 :30
   b. Il est monté au ciel avec son corps. Il en fait une base de télécommande pour maintenir le contact avec tous ceux-là qui souffrent. Ac.1 :11

Conclusion

Venez aujourd'hui à l'homme de douleur, diplômé de la souffrance. Il vous enrichira en vue d'enrichir les autres avec la vraie richesse.

Questions

1. Que représente la souffrance pour certaines gens? Un centre d'apprentissage

2. Pourquoi ?
   a. Parce que des fois, ils ont connu la gêne, la privation et les frustrations.
   b. Ils ont appris à vivre dans les limites de leurs moyens.
   c. Ainsi ils peuvent comprendre le problème des nécessiteux.

3. Expliquez
   Ils évitent l'extravagance

4. Quel exemple trouvons-nous en Jésus ?
   a. Il était né dans une étable, mais il n'en est pas moins Fils de Dieu.
   b. Il n'a rien possédé sur cette planète.

Leçon 4
Donner, un acte de foi

Textes pour la préparation : Ps.24 :1 ; Pr.11 :25 ; Mal.3 : 10 ; Mt.22 :21 ; Lu.12 :20 ; 17 :10 ; Ac.20 :35
Texte à lire en classe : Mal.3 : 7-12
Verset à mémoriser : L'âme bienfaisante sera rassasiée, Et celui qui arrose sera lui-même arrosé. Pr..11 :25
Méthodes : Discours, comparaisons, questions
But : Augmenter la foi de ceux-là qui savent donner

Introduction

« Donner » est l'une des plus nobles vertus. Elle obéit, non pas au mécanisme de la raison, mais à un ordre divin.

I. Dieu vous ordonne de donner :

Apportez au Temple **ma portion** de tout ce que je vous donne. Le Temple, c'est sa Banque Centrale. Mal.3 :10 a

1. Il doit nourrir ses employés et satisfaire aux dépenses de son administration. Mal. 3: 10b
2. Les dépenses de l'Eglise ne sont pas l'affaire de l'Etat. A César ce qui est à César et à Dieu ce qui est à Dieu. Mt.22 :21

II. C'est un acte de foi et il vous en dit pourquoi

1. L'ordre de « Donner » est un examen. Evitez donc la négligence, le détournement de fonds, les faux raisonnements sur la dime. Mal.3 : 10

   a. Dieu ne vous doit rien parce que vous donnez. Lu. 17 :10
   b. Pourtant, il promet d'apprécier votre geste. « Il fera pleuvoir sur vous des bénédictions en abondance » Pr. 11 :25 ; Mal.3 :10d
   c. Il en résulte que vous devez attendre puisqu'il a dit :« Et vous verrez ». Il ne manque jamais à sa parole. Mal.3 :10
2. « Donner » apporte le bonheur. Ac.20 :35
   Il crée un sentiment de bien-être en vous et un sentiment de bienveillance envers le prochain. Ac.20 :35
   Il crée une meilleure relation entre vous comme gérant et Dieu le propriétaire. Ps.24 :1
   Donc ne soyez pas insensé. Lu.12 : 20

Conclusion

Acceptez la proposition de Dieu et ne faites pas le malin. Et rappelez-vous que celui qui arrose sera lui-même arrosé. Pr.11 :25

Questions

1. Pourquoi dit-on que « donner » est l'une des plus nobles vertus chrétiennes ?
   Parce qu'elle obéit à un ordre divin.

2. Où doit-on remettre la portion légitime de Dieu ?
   Dans la maison de l'Eternel.

3. Pourquoi ?
   Parce qu'elle est destinée à nourrir les employés du temple.

4. Que nous promet-il en retour ?
   Des bénédictions en abondance

5. Que ressentons-nous après avoir donné ?
   a. Un sentiment de bien-être en nous
   b. Un sentiment de bienveillance envers le prochain

Leçon 5
Les motivations à donner

Textes pour la préparation : Ex. 11 : 2-3 ; 12 : 35-36 ; 25 :1-2,8 ; 35 : 4-5,10, 21-22, 29-35 ; 36 : 3-7
Texte à lire en classe : Ex.36 :1-7
Verset à mémoriser : Les objets préparés suffisaient, et au-delà, pour tous les ouvrages à faire. Ex.36 :7
Méthodes : Discours, comparaisons, questions
But : Montrer comment les chrétiens contribuent quand ils sont consacrés au Seigneur

Introduction
Très souvent, des gens restent indifférents à l'invitation de contribuer. Comment peut-on les sensibiliser ?

I. Il vous faut venir avec un projet qui les intéresse.
Les gens du temps de Moise donnèrent en excès pour la construction du Tabernacle. Ex.36 :3-7

1. Parce qu'ils tenaient à l'avoir comme une manifestation de la présence de l'Eternel.
2. Parce que leur vie était consacrée à l'Eternel. Ex.35 : 4-5, 10 ; 21-22,
3. Parce qu'ils sont convaincus que leur contribution sert à une bonne cause. Ex.25 :1-2, 8
4. Parce que Dieu connait le montant de leur compte d'épargne. Ex.35 :5

Il avait demandé aux Hébreux de dépouiller les Egyptiens en quittant l'Egypte. Il sait donc combien vous possédez.
Ex.11 :2-3 ; 12 :35-36

II. Il faut que le projet soit inspiré de Dieu.

Dans une réunion d'affaire, Moise déclara à l'assemblée quelle était la décision de l'Eternel. Ex.35 :4

1. Les gens bien motivés doivent contribuer des choses de valeur pour la construction. Ex.35 : 5
2. Seul les ouvriers qualifiés et animés par l'Esprit de Dieu mettront la main à l'ouvrage. Ex.35 : 10,30- 31,35
3. Toutes les offrandes volontaires étaient acceptées. Ex.35 : 29

III. Résultats

Dieu en était glorifié. Ex.36 :3-7

1. Chaque matin Moise recevait les offrandes du peuple. Ex.36 : 3
2. Les ouvriers étaient surmenés par l'excès de matériaux apportés par le peuple. Ils crièrent à Moise pour faire cesser les contributions. Ex.36 : 6-7

Conclusion

Le peuple était dans un Désert quand il contribuait ainsi. Quel prétexte voulez-vous avancer pour ne pas contribuer ? Dieu nous regarde. Soyons coopérants.

Questions

1. Qu'est-ce-qui d'ordinaire motive les gens à donner ?
   a. Un projet qui les intéresse
   b. Un projet inspiré de Dieu.

2. Comment savons-nous que le projet était inspiré de Dieu ?
   a. Dieu l'a ordonné
   b. Les gens contribuaient des choses de valeur pour la construction du tabernacle
   c. Les ouvriers qualifiés et sanctifiés mirent la main à l'ouvrage.
   d. Les offrandes volontaires étaient accueillies.

3. Comment et pourquoi les gens du temps de Moise contribuaient-ils ?
   a. Ils donnèrent en excès pour la construction du Tabernacle.
   b. Ils étaient convaincus que leur contribution servira à une bonne cause.
   c. Dieu connait l'avoir de chacun.

4. Quels en furent les résultats ?
   a. Dieu en était glorifié.
   b. Le peuple contribuait journellement.
   c. Moise était obligé de refuser les contributions supplémentaires.

5. Où était le peuple à ce moment-là ? Dans le Désert.

Leçon 6
Les motivations à donner (suite)

Textes pour la préparation : Mt. 25 : 31-44 ; Ac.4 : 34-37 ; 5 : 1-10 ; 1Co.16 :2 ; 2Co.9 :7 ; Ti.3 :14
Texte à lire en classe : 2Co.9 :6-14
Verset à mémoriser : Et Dieu peut vous combler de toutes sortes de grâces, afin que, possédant toujours en toutes choses de quoi satisfaire à tous vos besoins, vous ayez encore en abondance pour toute bonne œuvre. 2Co.9 :8
Méthodes : Discours, comparaisons, questions
But : Exercer les chrétiens à la générosité

Introduction

Donner est un geste normal que chacun esquisse à sa façon. Figurez-vous bien :

I. Certains donnent par émotion

1. La perspective du retour immédiat du Seigneur porte les chrétiens de l'Eglise primitive à vendre leurs biens pour en apporter le profit aux apôtres. Ac.4 :34-35
2. Barnabas, un lévite de l'île de Chypre, était le premier à faire ce geste : Il vendit son champ et en consacra toute la valeur à l'œuvre missionnaire. Ac. 4 : 36-37

II. Certains donnent pour faire impression

Ananias et Saphira voulurent imiter Barnabas. Ils vendirent leur propriété et en apportèrent une partie du prix aux apôtres en prétendant avoir tout donné. Comment donc ont-ils péché ?

a. C'était qu'en donnant ils voulurent juste faire impression. Ac. 5 : 1-10
b. Ils n'étaient pas conséquents à ce qu'ils avaient décidé de donner. Ac.5 : 1-3
c. Ils mentirent aux apôtres croyant que personne ne le saura et que la gloire leur resterait. Pourtant, Pierre animé du Saint-Esprit, dénonçait leur mensonge et leur hypocrisie. C'était pour leur perte. Ac.5 :4-5

III. D'autres donnent par obligation

Ils sont fidèles dans les dimes et les offrandes et dans les dons aux pauvres. Mt. 25 : 31-44

1. Ils donnent régulièrement. 1Co.16 : 2
2. Ils donnent raisonnablement. 2Co.9 :7
3. Ils donnent joyeusement. 2Co.9 :7
4. Ils donnent pour subvenir aux besoins pressants. Ti.3 : 14b

Conclusion

Entrainez-vous à donner non par calcul mais par devoir et par amour. Il ne restera pas sans produire des fruits. Vous ne serez jamais plus fidèle que Dieu dans la réalisation des promesses. Je prends Jésus-Christ pour témoin.

Questions

1. Pourquoi les gens donnent-ils, en général ?
   Par obligation, par émotion ou pour faire impression

2. Pourquoi les premiers chrétiens vendaient-ils leurs biens en faveur des autres ?
   Ils voulurent se dessaisir de leurs biens croyant que Christ n'allait pas tarder à retourner.

3. Quel était le blâme jeté sur Ananias et Saphira ?
   a. Ils voulurent donner pour faire impression.
   b. Ils mentirent aux apôtres.

4. Quelle est la meilleure façon de contribuer ?
   a. Quand on donne joyeusement, régulièrement et raisonnablement et dans les cas d'urgence.
   b. Quand on donne par devoir et par amour.

5. Que peut-on attendre en retour ?
   a. D'abondantes bénédictions de Dieu
   b. Une joie débordante après avoir donné

Leçon 7
« Donner » suivant un protocole

Textes pour la préparation : No.7 :2 , 12, 84 ; 31 : 1-4, 28-29, 47-52 ; 1Co.10 :8 ; Ap.5 :5
Texte à lire en classe : No.7 :2, 12, 84 ; 31 : 1-4
Verset à mémoriser : Que chacun donne comme il l'a résolu en son cœur, sans tristesse ni contrainte ; car Dieu aime celui qui donne avec joie. 2Co.9 :7
Méthodes : Discours, comparaisons, questions
But : Apprendre aux chrétiens et surtout aux leaders à donner des offrandes spécifiques dans les occasions spéciales.

Introduction

Quand l'Eternel décide de recevoir nos dons, il nous prescrit la manière de les lui présenter.

I. A l'occasion de la dédicace du Tabernacle :

Dans le Désert du Sinaï, L'Eternel dicta à Moise la manière et la qualité des offrandes à apporter par les chefs des douze tribus d'Israël.

1. Ils amèneront comme offrandes six chars en forme de litières (six limousines) et douze bœufs. No. 7 : 3
   a. D'autres offrandes y sont ajoutées : douze plats et douze bassins en argent et douze coupes en or. No.7 : 84
   b. Ces offrandes doivent être identiques. No.7 : 18,30,36,42, 48,54,60

   c. Chacun a son jour pour les apporter. Juda (mot qui signifie louange) doit venir en premier. No.7 : 12 ; Ap. 5 :5

II. A l'occasion de la guerre contre les madianites

1. L'Eternel arma le bras d'Israël pour exécuter sa vengeance contre les madianites, notamment contre Balaam, l'instrument de la perte de 23,000 juifs dans la prostitution. No.31 :1-3 ; 1Co.10 :8
2. Moise enrôla 1000 hommes par tribu : Puisque l'insulte de Balaam affectait tout Israël, il faudra que chaque tribu la répare en nombre égal indépendamment de leur effectif. No.31 :4
3. Ils en sortirent avec une victoire totale :
   a. Aucune perte de vie humaine. No.31 : 49
   b. Par conséquent, chaque commandant des milliers de l'armée d'Israël apporte à l'Eternel des objets d'or comme un acte de gratitude pour célébrer cette victoire exceptionnelle. No.31 : 51-52
   c. Le butin ce jour-là était considérable.
   d. L'Eternel décida que sa portion fût remise au sacrificateur. No.31 :28-29, 47

Conclusion

Quand l'Eternel dirige vos combats, soyez loyal dans la répartition des profits. Ce sera pour votre plus grand bien. Croyez-moi.

Questions

1. Quel a été le protocole prescrit par l'Eternel pour la Dédicace du Tabernacle dans le Désert ?
   a. Les chefs des tribus d'Israël doivent contribuer en premier.
   b. Ils apporteront chacun les mêmes offrandes
   c. Le char qui les porte doit être donné à l'Eternel.
   d. Chacun viendra apporter ses offrandes au jour qui lui est assigné.

2. Qui a désigné les soldats pour la formation contre les madianites ? L'Eternel lui-même.

3. Pourquoi voulait-il se venger de Balaam ? Parce que ce bocor a séduit Israël par la prostitution avec les femmes madianites.

4. Comment l'Eternel entendait-il la répartition du butin de guerre ?
   Que les chefs lui apportent des objets d'or.
   Que sa portion soit remise au sacrificateur.

5. Tirez deux leçons de cette histoire.
   a. La victoire avec Dieu est totale.
   b. Soyons loyal avec l'Eternel dans la répartition des profits.

Leçon 8
« Donnez » de manière extraordinaire

Textes pour la préparation : 2Sa.6 :14-22 ; 1Ro. 2 :3-4; 9 :25; 10: 23-24; 1Ch.29: 1-16; 2Ch.7 :5; Lu.18: 39; Ep.3 :20
Texte à lire en classe : 1Ch.29 :10-17
Verset à mémoriser : Car qui suis-je et qui est mon peuple, pour que nous puissions te faire volontairement ces offrandes ? Tout vient de toi, et nous recevons de ta main ce que nous t'offrons. 1Ch.29 : 14
Méthodes : Discours, comparaisons, questions
But : Entrainer l'Eglise à présenter à Dieu des offrandes extraordinaires

Introduction
Si vous voulez assister à un service de louange extraordinaire, demandez à David de le présider.

I. Voici ce que vous allez expérimenter :
1. Il louera l'Eternel avec des instruments ***d'une manière extraordinaire***. Il poussera des cris de joie au son des trompettes. 2Sa.6 :15
2. Il louera l'Eternel avec des danses ***d'une manière extraordinaire.*** Il dansera de toute sa force devant l'Eternel au point d'attirer le mépris de Mical, sa femme. 2Sa. 6 : 14,16, 22
3. Il louera l'Eternel avec des ***offrandes d'une manière extraordinaire.***1 Chr.29 :2-4

4. Il le fera avec une humilité extraordinaire. 1Ch.29 :10-16

II. Il prêche l'exemple à son fils Salomon.

1. Il prépare le terrain pour son fils. 1Ch.29 :1-5
2. En effet, trois fois par année, Salomon organise des sacrifices d'actions de grâces en l'honneur de l'Eternel. 1Ro.9 :25
3. Ses offrandes sont légendaires, incroyables. A la dédicace du temple de Jérusalem, il sacrifia vingt-deux mille bœufs et cent-vingt mille brebis. 2Ch.7 :5

III. Résultats pour David et son fils Salomon

a. Dieu bénit David et lui assura une succession paisible après des conquêtes à cent pour cent. 1Roi.2 :3-4
b. Salomon eut un empire insurpassable, une sagesse et une richesse insurpassables pour son temps. 1Roi.10 :23-24
c. David est reconnu comme un ancêtre de Jésus-Christ. Lu.18 :39

IV. Ce qu'il nous faut retenir

Le montant de l'offrande n'impressionne pas l'Eternel. Il regarde toujours au cœur. 1S.16 : 7 ; Mc.12 :41

Conclusion

Si vous magnifiez le nom de Dieu, il ne fait aucun doute qu'il va vous bénir au-delà de ce que vous pourrez lui demander ou penser. Soyez intelligents. Ep.3 :20

Questions

1. Quelle était la spécialité de David ?
   La louange à l'Eternel

2. Comment loue-t-il l'Eternel ?
   a. Il le loue avec des instruments et avec des danses.
   b. Il le loue avec des offrandes extraordinaires.
   c. Il le loue avec une humilité extraordinaire.

3. Comment transmet-il ce sentiment à sa famille ?
   Il prépare le terrain pour son fils Salomon.

4. Donnez-en deux exemples
   a. Trois fois par année, Salomon offre des sacrifices d'Actions de Grâces à l'Eternel.
   b. Ses offrandes sont en quantité légendaire.

5. Comment Dieu bénit-il David ?
   a. Il lui assure une succession paisible après des victoires complètes.
   b. Salomon eut un empire et une richesse sans égal.
   c. David participe dans la généalogie de Jésus-Christ

Leçon 9
Donner et se donner

Textes pour la préparation : Ge.4 :5-8 ; Mt.25 :41-43 ; 2Co.8 : 2-5 ; 9 : 6-8 ; Ep.3 :20
Texte à lire en classe : 2Co.8 :1-6
Verset à mémoriser : Et non seulement ils ont contribué comme nous l'espérions, mais ils se sont d'abord donnés eux-mêmes au Seigneur, puis à nous, par la volonté de Dieu. 2Co.8 :5
Méthodes : Discours, comparaisons, questions
But : Apprendre aux chrétiens comment atteindre une consécration totale.

Introduction
La manière de donner vaut mieux que le don. C'est évident car la manière vient de la disposition de votre cœur et le don n'en est que l'expression. Voyons de près :

I. Cain donnait mais ne se donnait pas. Ge.4 : 5
1. Dieu désapprouve son offrande.
2. Le meurtre de son frère Abel révèle l'état criminel de son cœur. Ge.4 :8

II. Les Chrétiens de la Macédoine donnaient et se donnaient.
1. Ils donnaient volontairement selon leurs moyens et même au-delà de leurs moyens. 2Co.8 :3
2. Ils insistaient pour envoyer leur contribution aux pauvres de Jérusalem. 2Co.8 : 4

3. Comment l'expliquer ?
    a. Ils se sont d'abord donnés au Seigneur. 2Co.8 : 5
    b. Ils se mettent aussi au service des apôtres. 2Co.8 :5
    c. Ils ont démontré par leurs œuvres la grandeur de leur générosité.
4. Savez-vous quand cette libéralité était exercée ?
    a. Quand ils étaient éprouvés par de grande afflictions. 2Co.8 :2
    b. Quand leur vie était marquée par une pauvreté profonde. 2Co.8 :2

III. Résultats à espérer

Dieu vous rendra prospère au-delà de tout ce que vous pouvez imaginer. 2Co.9 : 6 ; Ep.3 :20

Il va vous combler de toutes ses grâces. 2Co.9 :8

1. Il vous donnera en toutes choses de quoi satisfaire à tous vos besoins. 2Co.9 : 8
2. Il vous donnera encore en abondance pour toute bonne œuvre. 2Co.9 :8
3. Donner deviendra pour vous un mode de vie.

Conclusion

Si vous avez peur de contribuer, ayez aussi peur d'être béni. Au jour de la rétribution des comptes, craignez surtout d'être mis à gauche par le Seigneur. Mt.25 : 41-43

Questions

1. Comment considérer le don par rapport au donateur ?
   Le don est l'expression du cœur du donateur.
2. Comment Cain donnait-il ? Il donnait avec sa main mais pas avec son cœur.
3. Comment le prouver ?
   a. Dieu désapprouve son offrande.
   b. Le meurtre de son frère Abel dévoile son âme criminelle.
4. Comment les chrétiens de Macédoine contribuaient-ils ?
   a. Ils donnaient au-delà de leurs moyens.
   b. Ils insistaient pour envoyer leur contribution aux pauvres.
5. D'où vient cette générosité ?
   a. Ils se sont donnés d'abord au Seigneur.
   b. Ils se mettent ensuite au service des apôtres.
6. Dans quelle période cette générosité était-elle exercée ?
   a. Quand ils étaient éprouvés par de grande affliction
   b. Quand leur vie était marquée par une pauvreté profonde.
7. Quels en étaient les résultats ?
   a. Dieu les comble de toutes sortes de grâces.
   b. Il pourvoit à tous leurs besoins.
   c. Il leur donne en abondance pour toute bonne œuvre.
   d. Donner devient pour eux un mode de vie.

Leçon 10
Actions de Grâces

Textes pour la préparation : Ge.1 : 29-30 ; Job. 38 : 1-38 ; Ps.24 :1-10 ; 29 :1-11 ; 46 : 11 ; Ez. 47 :12 ; ; Jn.3 :16 ; 8 :36 ; Ac.7 :30 ; Ro.8 : 1, 15-17, 29 ; Ep. 3 :20 ; He.2 :11 ; 1Jn.3 :2 ; 5 :19
Texte à lire en classe : Ps.29 :1-11
Verset à mémoriser : Rendez à l'Éternel gloire pour son nom ! Prosternez-vous devant l'Éternel avec des ornements sacrés ! Ps.29 :2
Méthodes : Discours, comparaisons, questions
But : Montrer à tous que l'Action de Grâces n'est pas une institution américaine.

Introduction

Les actions de grâces devraient être le style de vie de tout adorateur. Dieu les réclame pour les raisons suivantes :

I. D'abord, pour célébrer sa Providence

1. Il a prévu de la nourriture, de l'air et de l'eau en abondance pour tous les êtres vivants, bons ou méchants. Ge. 1 : 29-30 ; Ep.3 :20
2. Il a prévu des feuilles pour notre guérison. Il n'a jamais donné aux sorciers un monopole pour les utiliser à des fins maléfiques. Ez.47 :12
3. Il a prévu le salut pour tous les hommes, en tous lieux. Ac.7 :30

II. Puis, pour nous rappeler de sa souveraineté.

1. Arrêtez et sachez que je suis Dieu, le maitre souverain de l'univers. Job. 38 : 4 ; Ps.46 :11
2. C'est lui qui nous a faits. Ps.24 :1-2
3. Il est le roi de gloire. Il vit dans la gloire. Ps.24 :10

III. Ensuite, pour célébrer notre filiation divine

1. Jésus est le Fils unique du Père. Jn.3 :16
2. Il vient nous réconcilier à son Père et nous adopter comme ses frères. Ro.8 :15-17
3. Il est maintenant le premier-né entre plusieurs frères. Ro.8 :29
4. Il n'a pas honte de nous appeler frères. He.2 :11b
4. Nous sommes en Jésus-Christ devenus enfants de Dieu. 1Jn.3 :2

IV. Enfin, pour célébrer notre liberté.

1. Jésus nous rend réellement libres. Jn.8 :36 Nous sommes délivrés de la puissance du malin et de la condamnation éternelle. Ro.8 :1 ; 1Jn.5 :19

Conclusion

Rendez à l'Éternel gloire pour son nom ! Apportez des offrandes et venez en sa présence, Prosternez-vous devant l'Éternel avec de saints ornements !

Questions

1. Pourquoi devrions-nous célébrer l'Action de Grâces ? L'Eternel l'exige

2. Citez-en les différentes raisons
   a. Pour célébrer sa Providence
   b. Pour nous rappeler de sa souveraineté
   c. Pour célébrer notre filiation divine
   d. Pour célébrer notre liberté.

3. Qu'entendons-nous par sa Providence ?
   Il ne discrimine pas : il fait pleuvoir sur tous, il fait lever son soleil sur tous, bons ou méchants

4. Faites ressortir sa souveraineté.
   a. Il décide de tout par lui-même.
   b. Il est le Roi de gloire.

5. Quels sont nos privilèges auprès de lui ?
   a. Il nous reçoit comme ses fils à côté de Jésus-Christ.
   b. Nous avons avec Christ les mêmes privilèges.

6. Comment définir notre liberté ?
   Nous sommes délivrés du malin et de la condamnation éternelle.

Leçon 11
Fête de la bible

Textes pour la préparation : Ge.1 :1, 26 ; Ps.19 :1 ; 100 :3 ; Jn. 3 :36 ; 5 :39-40 ; 14 :6 ; Ac.17 :30-31 ; Ro.1 :20 ; Ja.2 :19 ; Ap.21 : 6
Texte à lire en classe : Ps.19 :1-11
Verset à mémoriser : Ta Parole est une lampe à mes pieds et une lumière sur mon sentier. Ps.119 :105
Méthodes : Discours, comparaisons, questions
But : Exalter La Parole qui nous vient du ciel

Introduction
Si certains leaders religieux prétendent que la bible est démodée, qu'ils sachent ceci dès maintenant :

I. Le salut n'est pas dans la technologie

1. Les inventions humaines ne mèneront personne au ciel. Tout ce qui est matière retournera en poussière. Ge.3 :19
2. Néanmoins, l'homme a une âme à sauver. Il peut décider de choisir Jésus-Christ comme étant le seul chemin qui mène à la vie. Malheureusement la technologie ne peut nous l'indiquer. Jn.14 :6

II. L'homme ne peut inventer Dieu.

1. On connait Dieu seulement par révélation :
   a. Dans la nature. Ps.19 : 1 ; Ro.1 :20
   b. Dans notre conscience. Ja.2 :19
   c. Dans la Bible. Jn.5 :39-40

d. En Jésus-Christ. Jn.14 :6
L'homme peut constater, apprécier, utiliser les œuvres de Dieu. Il sera inventeur mais jamais créateur.

2. Dieu créa tout à partir de lui-même. Col.1 :16
L'homme est créé pour les découvrir et adapter la nature à ses besoins. Ps. 100 : 3
3. Dieu est Dieu. Il est la réalité. L'homme en est la photocopie. Ge. 1 : 26

III. Le ciel existe et l'enfer aussi.

1. Il revient à Dieu de créer le monde. Ge.1 :1
2. Il lui revient d'en décréter la fin, car il est le commencement et la fin. Ap.21 :6
3. Il revient à l'homme d'accepter sa souveraineté. Jn. 3 :36
4. Il fixe un temps et un jugement pour tous les pécheurs impénitents. Ac.17 :30-31

Tout ceci est constaté par la bible et témoigne de la souveraineté de Dieu.

Conclusion

Le temps passe vite. Hâtez-vous ! Préparez-vous à rencontrer Dieu avec ou sans votre nouvelle bible.

Questions

1. Que devez-vous répondre aux détracteurs de la bible ?
   a. Le salut n'est pas dans la technologie.
   b. L'homme ne peut inventer Dieu.
   c. Le ciel existe et l'enfer aussi.

2. Quel est le sort de la matière ?
   Elle retournera en poussière.

3. Que pouvons-nous dire sur la portée de la technologie ?
   Elle ne peut mener personne au ciel.
4. Comment pouvons-nous découvrir Dieu ?
   Dans la nature, dans notre conscience, dans la Bible et en Jésus-Christ.

5. Que devons-nous savoir de l'au-delà ?
   a. En Dieu est le commencement et la fin.
   b. Il fixe un temps et un jugement pour punir les pécheurs impénitents.
6. Trouvez la vraie réponse :
   a. La Bible est démodée, il vaut mieux se fier à la science.
   b. La Bible est la parole des hommes. N'importe qui peut l'écrire.
   c. La Bible contient la parole de Dieu.
   d. La Bible c'est la Parole de Dieu.

Leçon 12
Le concept de la Noel dans le salut de l'humanité

Textes pour la préparation : Jn.3 :16 ; Ro.5 :8 ; 2Ti.2 :3-4 ; He.1 :14 ; Ap.5 :1-7
Texte à lire en classe : Ap.5 :1-10
Verset à mémoriser : Et l'un des vieillards me dit: Ne pleure point; voici, le lion de la tribu de Juda, le rejeton de David, a vaincu pour ouvrir le livre et ses sept sceaux. Ap.5 :5
Méthodes : Discours, comparaisons, questions
But : Restaurer l'homme et le ramener à sa condition originale avant sa chute.

Introduction
La venue de Christ sur la terre est une démarche de réconciliation du Dieu Père Eternel avec les fils d'Adam éternellement perdus.

I. La Noel, point de départ de cette réconciliation

1. Il n'y a pas de Golgotha sans Bethléhem, pas de croix sans la crèche et pas de mort sans la naissance.
2. En Christ Dieu réconcilie sa justice et sa bonté par le pardon au pécheur et par le prix payé pour notre rédemption en Jésus-Christ. Ro.5 :8
   a. En effet, les pécheurs étaient représentés par échantillon à l'étable de Bethléhem : Les bergers pour la classe moyenne, les mages pour l'élite intellectuelle et économique.

b. Quant aux noirs les éternels marginalisés, Jésus était allé lui-même se réconcilier à eux dans sa fuite en Egypte. Mt.2 :13-15

II. La venue de Jésus-Christ change le cours de l'histoire du monde.

1. Il est venu en l'an 4 BC. Dès lors, le nouveau calendrier commence avec l'an 1 AD.
2. Pour la première fois le ciel va avoir un livre :
   a. Il rapporte l'histoire des rachetés avec Jésus, leur Rédempteur. Ap.5 :9-10
   b. Lui seul est capable de l'ouvrir avec ***la clé de la croix*** que lui seul possède. Ap. 5 :5
   c. Aucun ange n'est qualifié pour le tenir et l'ouvrir car ils n'ont jamais eu un corps. He.1 :14 ; Ap. 5 : 1-7
3. La Noel, mystère de l'Incarnation vers la Rédemption.
   C'est Dieu fait homme pour sauver tous les hommes. Jn.3 :16 ; 2Ti.2 : 3-4

Conclusion

Christ n'est plus à la crèche de Bethléhem, non plus à Golgotha. Il veut loger dans votre cœur. Allez-vous lui faire place ?

Questions

1. Pourquoi Christ était-il venu sur la terre ?
   a. Pour sauver l'homme perdu à cause du péché.
   b. Pour réconcilier l'homme avec Dieu.

2. Historiquement, où a commencé cette démarche de réconciliation ? A Bethléhem.

3. Pourquoi ? Il ne peut y avoir de mort constatée sans une naissance constatée.

4. Quel est le rapport entre Bethléhem et Golgotha ?

   En Christ, Dieu réconcilie sa justice et sa bonté.

5. Expliquez :
   Dieu montre sa bonté en envoyant Jésus dans ce monde. Il satisfait sa justice en l'offrant comme victime expiatoire à notre place.

7. Comment la venue de Christ a-t-elle changé le cours de l'histoire ?
   a. Sa venue modifie le calendrier.
   b. Le ciel va avoir un livre.
   c. Jésus sera le seul autorisé à l'ouvrir.

8. Au fait, qu'est-ce -que la Noel ?
   C'est le mystère de l'incarnation, Dieu fait homme pour sauver les hommes

Récapitulation des versets

1. Donnez, et il vous sera donné: on versera dans votre sein une bonne mesure, serrée, secouée et qui déborde; car on vous mesurera avec la mesure dont vous vous serez servis. Lu.6 :38
2. Car nous n'avons rien apporté dans le monde, et il est évident que nous n'en pouvons rien emporter;
3. Mais ceux qui veulent s'enrichir tombent dans la tentation, dans le piège, et dans beaucoup de désirs insensés et pernicieux qui plongent les hommes dans la ruine et la perdition
4. L'âme bienfaisante sera rassasiée, Et celui qui arrose sera lui-même arrosé.
5. Les objets préparés suffisaient, et au delà, pour tous les ouvrages à faire.
6. Et Dieu peut vous combler de toutes sortes de grâces, afin que, possédant toujours en toutes choses de quoi satisfaire à tous vos besoins, vous ayez encore en abondance pour toute bonne œuvre.
7. Que chacun donne comme il l'a résolu en son cœur, sans tristesse ni contrainte; car Dieu aime celui qui donne avec joie.

8. Car qui suis-je et qui est mon peuple, pour que nous puissions te faire volontairement ces offrandes? Tout vient de toi, et nous recevons de ta main ce que nous t'offrons.

9. Et non seulement ils ont contribué comme nous l'espérions, mais ils se sont d'abord donnés eux-mêmes au Seigneur, puis à nous, par la volonté de Dieu.

10. Rendez à l'Éternel gloire pour son nom! Prosternez-vous devant l'Éternel avec des ornements sacrés !

11. Ta parole est une lampe à mes pieds, Et une lumière sur mon sentier.

12. Et l'un des vieillards me dit: Ne pleure point; voici, le lion de la tribu de Juda, le rejeton de David, a vaincu pour ouvrir le livre et ses sept sceaux.

Feuille d'évaluation

1. Quelle partie de ces 12 leçons vous a le plus touché ?

   a. Pour vous-même ?____________________

   b. Pour votre famille ? __________________

   c. Pour votre Eglise?_____________________

   d. Pour votre pays?______________________

2. Quelle est votre décision immédiatement après la classe ? ______________________________

3. Quelles sont vos suggestions pour l'Ecole du Dimanche :

   a.____

   b.____

   c.____

4. **Questions** purement personnelles :

   a. Quelle est ma contribution pour le développement de cette Eglise ? ____________

   b. Quel effort ai-je fait jusqu'ici pour améliorer sa condition? ___________________

   c. Si Jésus vient maintenant, serai-je fier de mes œuvres ? ____________________

Glossaire

Absurdité :	nf. Ce qui est contraire à la raison
Adjurer :	Supplier, prier, conjurer
Accumuler :	vt. Entasser, réunir
Agenda :	nm. Carnet prédaté permettant d'inscrire jour par jour son emploi du temps
Aliénation :	nf. Transmission à autrui d'un bien ou d'un droit
Avances :	nm. Pl. Premières démarches faites en vue d'une liaison ou une réconciliation
Avisé :	adj. Averti, attentif, habile, prudent
Bonhomie :	nf. Caractère d'une personne sympathique
Brandir :	vt. Lever quelque chose d'un geste menaçant
Brider :	vt. Contenir, refréner
Broche :	nf. Bijou muni d'une épingle permettant de le fixer sur un vêtement
Butin :	nm. Ce qu'on enlève à l'ennemi a l'occasion de la guerre
Cartilage :	nm. Constituant des os qui représente avant la naissance la quasi-totalité du squelette

Concept :	nm. Représentation générale et abstraite d'un objet
Conquérant :	nm. Qui fait ou a fait des conquêtes par les armes
Crèche	nf. Mangeoire basse
Déchoir :	v.i Tomber à un rang, à un état inférieur
Détermination:	nf. Décision
Détrôner:	vt. Déposer, supplanter, mettre fin à la supériorité de
Dévoyé :	adj. Délinquant
Egocentrique :	adj. Tendance à juger tout par rapport à son propre intérêt
Emmailloté :	vt. Envelopper un bébé dans un lange
Equivoque :	adj. Qui a un double sens, ambigu
Faculté auditive :	Capacité d'entendre
Faculté gustative :	Capacité d'éprouver le gout
Faculté olfactive :	Capacité de sentir
Faculté sensorielle :	nf. Aptitude, capacite
Faculté visuelle :	Capacité de voir
Faculté tactile :	Capacité de toucher

Filiation :	nf. Lien qui unit un individu a son père ou à sa mère
Fœtus :	nm. Produit de la conception non encore arrive à terme mais possédant déjà les caractères distinctifs de l'espèce
Hospitalier :	adj. Qui accueille volontiers les étrangers
Impliquer :	vt. Mettre en cause
Inclination :	nf. Goût, penchant
Incubation :	nf. Couvaison
Indice :	nm. Signe apparent ou probable qu'une chose existe
Injure grave :	Dr. Expression outrageante ou méprisante qui ne renferme l'imputation d'aucun fait précis.
Intensifier :	Amplifier
Litière :	n.f Lit couvert porte par des hommes ou des bêtes de somme à l'aide de deux brancards
Maléfique :	adj. Qui a une influence surnaturelle et malfaisante
Motivation :	n.f Stimulant
Nuptial :	adj. Relatif à la cérémonie du mariage
Panique :	n.f Terreur subite et violente, incontrôlable
Paradisiaque :	adj. Qui évoque le paradis

Placenta :	n.m Organe reliant l'embryon à l'utérus maternel pendant la gestation ou la grossesse
Procréer :	vt. Engendrer
Protocole :	Ensemble des règles établies en matière d'étiquette
Punitif :	adj. Qui a pour objet de punir
Rétribution :	nf. Récompenses
Sévices :	nm.pl. Mauvais traitements exercés sur qqn que l'on a sous son autorité
Tangible :	adj. Que l'on peut percevoir par le toucher
Taré :	adj. Imbécile
Taxer :	vt. Accuser
Télécommande :	nf. Action de réaliser à distance une manœuvre quelconque
Vénérer :	vt. Eprouver un attachement profond pour
Vision utopique :	Projet dont la réalisation est impossible
Vulnérable :	adj. Faible, qui donne prise à une attaque

Table des matières

Révérend Renaut Pierre-Louis

Esquisse biographique

Pasteur de l'Eglise Baptiste à Saint Raphael. 1969
Diplômé du Séminaire Théologique Baptiste d'Haiti, 1970
Diplômé de l'Ecole de Commerce Julien Craan, 1972
Professeur de langues vivantes au Collège Pratique du Nord au Cap-Haitien 1972
Pasteur de la Première Eglise Baptiste au Cap-Haitien, 1972
Pasteur de l'Eglise Redford, Cité Sainte Philomène, 1976
Diplômé de l'Ecole de Droit du Cap-Haitien, 1979
Fondateur du Collège Redford et de l'Ecole Professionnelle ESVOTEC, 1980

Pasteur militant depuis 51 ans, avocat, poète, écrivain, dramaturge, ce serviteur du Seigneur vous revient aujourd'hui avec « **La Torche Envoûtante** », un ouvrage didactique, de haute portée théologique qui a déjà révolutionné le système d'enseignement dans nos Ecoles du Dimanche et dans la présentation du message de l'Evangile.

Encore une fois, pasteurs de recherche, prédicateurs de réveil, moniteurs de carrière, chrétiens éveillés, prenez « La Torche » et passez-la. 2Tim.2 :2

www.ingramcontent.com/pod-product-compliance
Lightning Source LLC
Chambersburg PA
CBHW060229030426
42335CB00014B/1386

* 9 7 8 1 9 4 3 3 8 1 2 9 6 *